教养的本质,是一个生命陪伴另一个生命,一起成长

很高兴能陪你一起长大

周国平
郝景芳
等——著

北京理工大学出版社

版权专有　侵权必究

图书在版编目（CIP）数据

很高兴能陪你一起长大 / 周国平等著 . —北京：北京理工大学出版社，2019.5
（2020.6 重印）
ISBN 978-7-5682-6861-5

Ⅰ . ①很… Ⅱ . ①周… Ⅲ . ①家庭教育 Ⅳ . ① G78

中国版本图书馆 CIP 数据核字（2019）第 049591 号

出版发行 /	北京理工大学出版社有限责任公司	
社　　址 /	北京市海淀区中关村南大街 5 号	
邮　　编 /	100081	
电　　话 /	（010）68914775（总编室）	
	（010）82562903（教材售后服务热线）	
	（010）68948351（其他图书服务热线）	
网　　址 /	http://www.bitpress.com.cn	
经　　销 /	全国各地新华书店	
印　　刷 /	雅迪云印（天津）科技有限公司	
开　　本 /	880 毫米 × 1230 毫米　1/32	责任编辑 / 秦庆瑞
印　　张 /	7.25	闫风华
字　　数 /	120 千字	文案编辑 / 闫风华
版　　次 /	2019 年 5 月第 1 版　2020 年 6 月第 2 次印刷	责任校对 / 周瑞红
定　　价 /	49.80 元	责任印制 / 施胜娟

图书出现印装质量问题，请拨打售后服务热线，本社负责调换

目录 CONTENTS

01 愿你过上我从未看见与理解的生活

我们彼此的人生是独立的
庆 山
003

该如何让你知道，中国的传统与现代
郝景芳
011

写给儿童的阅读建议
周国平
025

致信儿子
麦 家
039

成长比成功更重要
于 丹
045

三个真相
古 典
055

父亲是女儿的保护伞
周 濂
061

02 和孩子相处，我们永远都是初学者

儿子：其实爸妈也是装的
郑国强
075

亲爱的孩子
傅 雷
093

给我的孩子们
丰子恺
103

孩子，妈妈不代表正确
王雪岩
111

有了孩子，不等于没了自己
庄祖宜
129

你的自信是你的，不是我让给你的
Yoli
137

姐姐和妹妹的故事
宁 远
145

目录 CONTENTS

03
孩子是纯真的，应该有个柔软的梦

不忘初心，以爱为印
大 J
159

给子曰的一封信
杨菲朵
169

致女儿：生活不在别处，快乐不在那些未来
艾明雅
177

宝贝，感谢你温暖了我的世界
罗 罗
183

给洛洛的一封信：我曾为你写过一个童话
林特特
189

人生道路太漫长，我们都需要成长
陈 果
197

孩子，多么希望你有一天能过上普通人的生活
慕容素衣
209

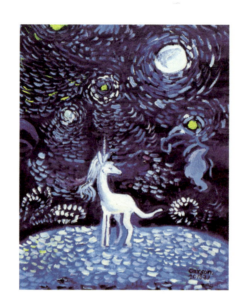

杨浩航　8岁　《独角兽》

01

**愿你过上
我从未看见与理解的
生活**

*你的孩子，其实不是你的孩子
他们是生命对于自身渴望而诞生的孩子
他们通过你来到这世界，却非因你而来
他们在你身边，却并不属于你*

我们彼此的人生是独立的

庆　山

作家，曾用笔名安妮宝贝，著有作品《告别薇安》《素年锦时》《春宴》等，2007年成为母亲。她和女儿保持着一种独立和互相尊重的关系，希望女儿自在地、喜悦地玩耍，对这个世界充满好奇，用她自己的方式去探索、去前行，如此而已。

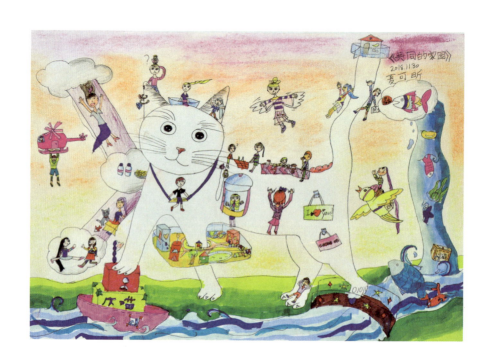

夏可昕 8岁 《共同的家园》

庆 山

  夏日黄昏,走进公寓的花园,看到绿树林荫之中,一个五六岁的女孩子牵着一串长长的纸鸢,在青石路上蹦蹦跳跳地跑着。黑而柔软的长发,齐眉刘海儿,矫健的小身体充满活力。站在一旁,静静地看着女孩和她的嬉戏,即便是邻家的孩子,自己脸上也会情不自禁地浮出欣喜的微笑。所谓的同理心是,如果你爱自己的孩子,你也应该会爱一切的孩子。

  我想我并不是一个世俗意义上无微不至的母亲。自她出生,我很少对人谈论她,我从不加入所谓妈妈们的组织和聚会,我也并不整日与她缠绕在一起。在关心她必要的衣食住行之外,我们之间的关系有一种独立和互相尊重的意味。也就是说,我注重与她之间保持略微的距离感。这种距离感是,给予对方美好的重视的感受,但不侵扰和控制对方的情绪和意志。

  女人即便身为母亲,最重要的核心,依然是需要有自己的生活。母亲不仅仅是给女儿做日常生活的琐事,更不能卸去自我的力量只围绕着孩子打转。我们彼此的人生是独立的。她要成长,我要成长,应是如此。

  当她满了两岁,家里有了一个与她能够相处和谐愉快的保姆，我开始恢复工作。有时我在书房独处很长时间，阅读、做笔记、整理资料、写稿子。间或有或长或短的旅行，几乎隔段时间就出发。那几年，因着种种机缘，去了英国、德国、日本、美国、印度、瑞士、意大利、希腊……时常与她分离。但每到一个国家，我会特意在博物馆或集市或商店里搜集漂亮的当地明信片，带回来之后贴满一面墙壁。有时她午睡之后，我抱着还幼小的她，让她逐幅观赏五彩纷呈的明信片，告诉她，这是佛罗伦萨的古城、纽约的帝国大厦、京都的寺庙、威尼斯的桥……世界很大，世界很美好，等你长大，这一切都在等待你去探索。

在那几年，我陆续写完长篇小说《春宴》、散文集《眠空》和采访《古书之美》。我没有懈怠，愿意让她见到一个始终在笃实地工作着的母亲，一个在学习和成长的母亲，一个在旅行和探索着的母亲，一个关注个体和世间的秘密并用写作做出表达的母亲。这样等她长大，她会知道对一个人的生命来说，真正重要的事情是什么。

三岁她进了幼儿园。这家幼儿园注重孩子的品德教育和艺术发展能力，因此，她经常带回来手工制作的作品和画作。我标上具体年月日替她一一保存起来。家里有一个大樟木箱子，保存着她小时候穿过的花边小衬衣，一些出版人和外国编辑送给她的礼物，我给她缝制的玩具，家里老人给她做的绣花布鞋和织的小毛衣，她制作给我的生日卡片……都是宝贵的纪念。

我经常给她拍照，觉得儿童的面容和眼神真是美丽至极，如此清澈芬芳。有些照片洗出来用相框框好，挂在她的房间里。一张是春天的时候在江南，她在花枝丛中，用手捧住一朵硕大饱满的玉兰花，微微出了神。一张是她在湖北寺庙，庙里的师父们教她用菜叶喂兔子。她穿着小白衬衣，梳着童花头，笑容愉快。让她知道她自己是美丽的，并且感知到这种美丽，对一个女孩子来说尤其重要。

五岁多的时候，一直陪伴和照顾她的保姆，因为家里有事回了老家。我开始为她做细微琐碎的家事。每日早起，给她做早餐。有时是用黄豆、松仁、葵花子、红枣一起打豆浆；有时用鲜玉米榨汁，配上全麦面包和橄榄油；有时煮红薯粥。我并不精于烹饪，但她喜欢我做的苹果派、土豆泥和鸡蛋羹，时常提出要求想再次品尝。我一直很注意为她买各种优秀的绘本作品，让她在故事和绘画中获得知识。那次找到一本关于做苹果派的绘本，关于一个女孩子如何在全世界搜集到做苹果派的材料。面粉、牛奶、鸡蛋、肉桂、黄油、苹果……我们在睡前一起朗读这本书，她因此获知以前未曾了解到的地理和食物的知识。她产生了极大兴趣，说，妈妈，我们明天一起来做苹果派。

我说，当然可以。于是，那一天她放学回来，系上小围裙，站在小板凳上，一本正经地开始在玻璃碗里搅拌鸡蛋，揉搓面团。我在她一心一意干活时，悄悄拍下照片。如果等她长大，看到自己在厨房里学习的样子，会觉得欣喜。

白日她在幼儿园上课，我处理家务和自己的工作。下午她回到家里，我给她打一杯鲜榨果汁，拌入一些酸奶。她端着杯子走进自己的小书房，继续画画和做手工。孩子的心智目前还像张白纸，染上什么色彩尤其重要。不能被庸俗繁杂的电视娱乐新闻所侵扰，也不能沉浸在 iPad 游戏的电光声影之中。所以，让她接触到的事物需要有所过滤，有所选择。

我从不对她寄托过多期望，也不试图用力灌输给她什么。有时听到一些母亲，骄傲地宣称自己的孩子能背下多少首古诗，背下《三字经》《弟子规》，甚至背下老子庄子。我从不试图要让她去学会什么。我只希望她自在地喜悦地玩耍，对这个世界充满好奇，用她自己的方式去探索、去前行，如此而已。她上过芭蕾课，上完第一阶段，有时在回家的路上经常疲累，在车上入睡，我问询她的意见，她说课太多，想休息。此间她还在上课外的英语课和美术课。于是我尊重她的选择没有上第二阶段。她有时回家，自己看绘本、画画、做手工，就忘记做数学和拼音的作业，我也并不催促。因为终有一天她会正式学习这些。

庆山

有什么可着急的呢？孩子总是要按照她自己内在的节奏慢慢生长起来的。对他们来说，没有什么是比保护天性和保持愉悦和活力更重要的事情。我现在唯一所想的，就是让她时时觉得欣喜，按照自己的想象力和天性去成长。她的快乐和自尊是重要的。至于其他，终有一天她会知道。而且，她现在知道的事情，已经超过一些标准化答案太多太多。

那是我们最开心的时间。两个人在清朗凉爽的暮色中走走看看，有时就走得远。她在广场玩喷泉，我在旁边耐心等待她。回家之前，她则陪我一起去超市，买好吃的裸麦核桃面包、酸奶和水果。一次，她表达出想挑选一块香皂的心愿。我说，没问题。她在香皂架子前面逐一嗅闻那些包装漂亮的香皂，仔细观赏包装盒上的色彩和图案，最后选定一块白色铃兰香味的香皂。她说，我喜欢这个香气。我说，好，回去之后就用它洗你的小手，这样你的手会散发出铃兰花的香气。她听后显出开心的笑容，并积极地帮我推购物小车。

夜色中，我们穿过一个小花园。她在草地上撒欢，一下子跑得很快很远。小小的身影穿过樱花树林、薄荷草丛，穿过淡淡的皎洁的月光。我看着她的样子，觉得心里跟微微痴了一样，如同看到一朵露水中的花、一颗皇冠上的珍珠。有什么区别呢？这世间美丽的纯真的存在，总是会让我们感动，会让我们敬重。曾经在哪一本书里见到过这样一段话，说，如果家庭中有五六岁大的女孩，那么她们都是神派下来的天使。她们带来的快乐实在太多。现在看来，此话一点儿也不夸张。

她们是这样的温柔、愉快、健壮、踊跃。有时她们是需要被照顾和带领的幼童，有时她们是带给大人启发和感知的镜子。一个小女孩带来的微风和香气，是与混浊僵硬的成人世界完全不同的。我因此对她总是有一种感激之情。

每天晚上她睡觉之前，我们会举行小小的祈祷仪式。我把手轻轻放在她的额头上，低声在熄了灯的房间里为她祈祷。我说，你会健康、快乐、美丽、安宁，你会是一个懂礼貌、爱学习的孩子，你会成为一个对大家有帮助的人。在梦里，你看到一个蓝蓝的大湖，湖上有睡莲，有云朵的影子，旁边有起伏的山峦。天使和仙女会来问候你，你就会甜甜地入睡直到天亮。于是，她在我的声音中闭上眼睛静静地睡着了。

该如何让你知道，中国的传统与现代

郝景芳

童行学院创始人、作家、经济学家，代表作《北京折叠》，两个孩子的妈妈。她希望孩子能够非常清晰地认识中国，理解自己是中国人。在世界上能够和任何一个国家、任何一个民族的人交流，理解他们的民族，从而更清楚地反观自我。

刘涵月　8岁　《诺亚方舟》

郝景芳

过几天将是春节了。这会是晴晴第一次在国外过春节。

出国的时候,人总是能最清楚地意识到国别民族差异,从而最清楚地意识到自己是谁,从哪里来。而节日,又最能将一个国家、一个民族的特性凸显出来的。从前几天开始,我就给晴晴讲中国的新年:"中国的新年不同于美国新年,我们的新年叫春节。中国的月份是按月亮绕地球一圈算的。"

前两年的春节,晴晴都还小,给她看了《过年啦》和《春节》的绘本,告诉她放鞭炮、穿红衣、过年的由来。她似懂非懂,估计也不记得。

今年再讲的时候,我颇有点儿踌躇。晴晴现在的理解力已经比从前进步了很多,对中国和其他国家也有了很多直观感受,我有点儿犹豫,不知道在这个阶段该怎样继续讲。

该怎样告诉你,中国是一个什么样的国家呢?

人在异乡,难免对比异乡和家乡。中国人常是敏感的,一出国就不停对比,看国外哪里比中国好,哪里不如中国。对外国人的态度更敏感,常会想,他们是怎么看我们的?这样的心境下,看他人他国,也常常有高下之分。

中国人出国的心态,这些年发生了很大变化。

还记得1994年,第一次跟随父母出国,在英国住了一年。那时候出国的中国人,看什么都还是眼花缭乱,从来没见过双层巴士,从来没见过超市,从来没开过自己的车。发达国家真是哪里都好,出门就是免费公园,公园里都是大片绿地和免费的儿童游乐设施。租的公寓是几个中国人合租,房间实际挺小,也挤得乱糟糟,但因为是独栋小楼,有凸出的大窗子,还是令人感叹。那个时候的中国人,都还是抱着过苦日子的心态,一分钱掰开了花,积攒着周末特定时间去买一次排骨的边角料。知识分子去餐馆刷盘子,放下一切身价,只想留在那花花世界,再不回国。

后来,20年过去后,中国人再出国,看到的听到的好像变成了另外的国家:这就是英国/美国/法国/意大利?这还算发达国家?怎么这么破?瞧瞧这地铁,可没我们城市新修的地铁好。楼都这么旧了!这天桥也太脏了吧?这小机场真寒酸。走哪儿都不能手机支付,真土!这儿的房价也太便宜了吧?!

这翻天覆地的变化,就在一代人之间。当初发出赞叹的,就是如今发出不屑的一代人。他们眼中的老牌资本主义国家也不再是羡慕的对象,反而充满同情地说着西方的衰落。

曾经的心态和如今的心态也是类似的：穷久了，就对贫富特别关注。穷的时候怕人说穷，富起来了就格外喜欢对比贫富。曾经担忧的，就是如今挂在嘴边的。

在这种情况下，如何看待其他国家，如何看待我们自己？如何给我们的孩子们讲述中国和外国？

母亲陪我和晴晴到美国安顿，前天回国了。

送母亲离开的路上，母亲说，这几天一直在想传统和现代问题：现在看上去，中国哪里都是现代的，新楼新路新机场，看着全都特别现代，到了美国反而看哪儿哪儿都是历史建筑，这个是什么独立战争时候的市场、那个是什么南北战争时候的医院，其实，美国才两百多年历史，中国五千年历史呢。

母亲又说："现在想想，中国这五千年历史，好像跟现在咱们的生活一点儿关系都没有，你看人家这边，历史是一直连续下来的，但是咱们全是从零开始，完全是新的。"

最后，母亲说："尤其是我们这代人，一切都是连根拔起，一切归零。在我们的意识里，只有'旧社会'和'新社会'，旧社会跟我们就像是没关系似的，到了美国，反倒觉得人家是有历史的国家。"

我想，母亲的话真是一语中的。

我们生活在没有历史、只有古董的时代里。历史是某种一直延续而始终在起作用的东西，古董是属于过去而现在只被陈列的东西。

历史在我们出生之前被截断了。整整几千年，可能这一次的截断是最彻底的。历史需要人来传承，可是在我们生活的时空里，历史只存在在架子上，在故宫博物院的参观人流里，在《国家宝藏》的明星光环中，在《百家讲坛》的八卦风云中，不在生活里。让孩子学历史也成了形式主义的猎奇，穿汉服拜拜，在旧式家具间行个叩头礼。

这些都不是历史，这些都是古董。

传承的历史是什么？传承的历史是思维方式。

古董和历史的差别在于：欣赏了古董之后，并不会觉得它和生活有什么联系，它的影响力和意义只局限于参观的瞬间；学了历史之后，是带着历史的思维、历史的疑问和历史的发现处理日常生活。

举个例子，如果只是买了一幅宋朝的古画，知道这是哪个画家、哪种技法的作品，这是古董的思路，这是画作被当作名贵事物来传承。而如果挂着一幅宋朝的古画的复制品，价格上非常低廉，但是把画家对壮阔河山的激情、对日常人物的观察方法、对高洁品格的固执追求带到日常事业中，这是画作被当作历史来传承。

历史是一种精神性存在，它只能被精神性地延续。在可见的建筑和器物中，你能感受到它的力量，但如果不去精神性地领会，那么就相当于没有延续。

被精神性地延续的历史，并不会像古董一样一成不变。古董只属于当时的朝代，一丝一毫都错不得、变不得，然而历史是一直在变化的思维，根据每个时代做出调整。

再举个例子，前几天听一本电子书，《万物理论》，作者应该是具有基督教信仰的人，他在讨论精神的螺旋上升过程中，讲到基督教不能被当作纸面教义来理解，而是需要发现其中的精神含义。他用从"自我"到"我们"再到"全体"的精神成长过程，来看待和解释世界上的政治孤立主义、现代化进程、民主运动，等等，非常具有时代感。

犹太人最是精神性地看待历史的人。他们并没有很多历史建筑、精美器物可以凭吊参拜，也没有很多"老祖宗的宝藏"可以炫耀，他们一代代能传承的，就是讨论犹太经典中的问题：人的善与恶从何而来？世界的终极规律是什么？如何看待一个人的责任与义务？法律从何而来？人的什么行为能获得最终的拯救？如何看待弱小的犹太民族在历史中的位置？

犹太人散落在世界各地，有着不一样的国籍与身份，一般不会抱团在世界上集体行动，但是对这些问题的精神性思考，让他们成为一体，成为出产诺贝尔奖大师最多的民族。

在美国能够感受到的历史，只有两百年，但是这是连续的两百年，有始终传承的思维。有时候会奇怪美国学者对于一些经济问题的执拗，他们好像"脑筋不灵活"，例如对市场和产权理论的原则性坚持，例如特别看重共产主义和市场经济之间原则性的矛盾。这些似乎是他们不开窍的表现，现实中中国很多经济发展根本是糊里糊涂的实用主义，辨不清的原则就先扔一边，怎样能赚钱就怎样来。然而如果理解美国历史就会知道，如果没有这种清晰一致的对市场的原则性信念，就不可能有美国过去两百年快速的发展。他们是带着历史在生活，头脑中随时有亚当·斯密的判断、熊彼特的创新理论、华盛顿对分权制度的信念。

这种延续性和断裂性，让美国和欧洲现在显得如此"古老"，而中国显得如此"现代"。我们从前羞愧自己没有高级的铁路和机场，现在骄傲于自己有高级的铁路和机场。然而我们从哪里获得赖以生存的信念，是一个始终悬而未决，却又不去讨论的问题。

那我们需要传承什么样的传统呢？

实际上，中国古人探讨和实践的，是仍然具有很多现实意义的大问题。有时候我们说起孔子，总是讲先师圣人，行跪拜之礼，尊长幼老少顺序，最多强行背两段《论语》《中庸》。这都是古董式继承。

我们很少讨论的是，孔子作为一个思想者，要解决的究竟是什么问题？孔子为什么要谈"礼"？孔子为什么看重长幼老少顺序？

实际上，孔子要回答的问题，和文艺复兴以来的启蒙思想家要讨论的核心问题是一致的。那就是"在一个无神的世界中，人如何实现自治"。这个问题被认为是最为困难的人类挑战，因为在这个世界上仍然占多数的宗教信仰者看来，这个问题是无解的。如果没有神的审判，如果没有神的律法，那么任何世间秩序都是经不起推敲的，都是脆弱和易变的。

马基雅维利和他的追随者们选择了丛林法则，他们说好啊，无所谓，胜者为王败者为寇，这就是秩序。然而无论是卢梭相信社会契约，还是黑格尔相信宇宙精神，都不愿意接受简单的丛林法则。而现代政治，不过是在最多人接受的情况下，为这个问题找一个现实解。

孔子为什么谈"礼",因为在宇宙自然中,除了永恒竞争的丛林法则,只还有一种自然秩序,那就是时间顺序。天地万物有时,人生在世有岁,长幼老少代际传承,生生不息,是能长期持续的秩序来源。因此才说,"礼,天地之序也"。

礼是可以抛弃的,问题和思索不能抛弃。什么是我们社会秩序和社会文化的来源?没有神也没有主义的枷锁,我们靠什么建立人与人的框架与秩序?这个问题至今是悬而未决的。我们当然可以不认可"礼",但这不意味着我们不需要人与人相处的基本准则。

孔子是一个殚精竭虑解决现实问题的人,他反复谈的就是如何将人从野蛮状态带入秩序,而这对于今天也是困难的。他和释迦牟尼的区别就在于没那么超越,把他神化为庙里的神像,实在是辜负了他思考的深远意义。

中国古代哲人常常提倡的,是在成文律法之外的不成文的规则,即礼对法的补充。现代是法治社会,通过白纸黑字的契约,人与人之间没有更多关系,只有合同关系。然而从博弈论我们知道,人与人相处的策略不完全能靠黑纸白字解决,合作与信任很大程度上决定着博弈结果。可是,如何能信任他人?如果缺乏共同遵守的为人哲学,最佳策略就是相互防范的双输。

西方世界对信任的解决,仍然依靠身份团体。你是哪个种族、哪个教派、哪个社团,靠集体的标记来确认人与人的信任。可是这会把信任问题置于群体之间,个体之间的信任危机转化为群体之间的信任危机,派别和群体之间的冲突就会变得异常尖锐。而中国古人不是靠社群的身份标签来解决,而是个体与个体直面彼此。这才是融合社会的根基。

那什么是律法之外的不成文的规则呢?就是基于自我约束和共同信赖的秩序。古人讲修身,正心诚意,是以一己内心之力对抗生物之天然自私。于是对中国古人来说,最重要的一个词是"君子"。这是一个常被西方哲人诟病的概念,认为缺少超越性和规范性,可唯有这个词,才能清楚地表明,中国人如何在没有底限的世界中寻求个体超越。

"君子"不是强制性的,而是约定性的。因此君子的约束,只对相信的人才有效。理解这一点,才能知道何为君子之交,何为舍生赴死,何为江湖道义,何为士为知己者死。君子之间,是相互辨认的,不是相互施恩的利益交换,而是理念相同的精神契约。这样的中国式友谊不基于市场、不基于派别,却又坚固而不可摧,这在西方世界里是没有对应的。

君子之交,看的是精神沟通,超越外表的贫贱发达。"我敬你是个君子",只这一句话,就足以让世俗世界的区隔消融。

一拱手，一点头，从此山高水长，亦有所依凭。在万千洪流的纷杂中，君子之心如中流砥柱，知道什么可为，什么不可为。

不理解这种精神，不理解中国古人追求的自我约束和相互尊重，就无法理解中国社会。没有任何一个仅靠威权和利益维系的社会会延续长远，更不用说数千年。

说远了。回到现实。

这些精神性的历史，对先贤讨论问题的思考与继承，在我们周围都很少见到踪影。于是我们的山水再也不是对胸襟的彰显，林木也再也不是对品格的描摹。我们的环境和精神历史失去了关联，走到任何一个地方，都见不到述说性格和过往的建筑，见不到凝固的思想。

因此，我们常常陷入对新旧设施的对比和狂热，认为这短暂的就是永恒的。

那我们该如何向孩子传递中国的传统？

孩子还小，不可能理解那些哲学思辨的部分，也不适宜太早传递太多。

我们能讲的，仍然还只是可见的器物、食品、习俗、故事、人物。孩子小小的心里，也只能理解到这个层面。但我们可以把精神性的历史带入日常生活的每一天。

郝景芳

我们可以给孩子重塑中国的神话传统。虽然中国从来没有完整的成体系的神话系统,但是民间传说渐渐汇集起来,成为我们久远而共同的民族记忆。

我们可以带孩子欣赏中国的书画和音乐艺术。虽然中国的书画和音乐在技法探索方面远没有文艺复兴之后的西方艺术那样先进,但中国书画和音乐自有其独特的审美特征,和日常为人处世的审美相通,和人们追求的美好品性相通。

我们还可以给孩子讲那些流传至今、彰显中国人做事风格的故事,用故事传递哲学。这些故事会成为孩子心里对于为人处世的第一印象,会长久影响他们。

我们更可以把古人所讲的对自我品性的要求融到我们自己的血液里,成为孩子的示范。再多的言传不如身教,如果我们能够做到无论是否有人监管,都不欺人,不自欺,不贪求,不陷害,并且正心诚意,思考为人处世的君子准则,那么孩子能从我们身上感受到这一切,并延续这一切。这才是传承的历史,活着的历史。

至于中国的现代呢?中国的强大富足和发展奇迹呢?

至少对我来说,我是会对孩子淡然处理的。中国只是回到常态而已,并没有什么奇迹,而是理所应当的。这是过去三千年前的常态回归而已。这是万千吃苦、勤勉的中国人自我创造的正常生活。中国社会应当享有和平和繁荣。

最终，我希望我的孩子能够非常清晰地认识中国，理解自己是中国人，在世界上能够和任何一个国家、任何一个民族的人交流，理解他们的民族，从而更清楚地反观自我。

过去两百年，中国人的爱国主义常常在癫狂的两极间摇摆，要么认为自己超过一切人，因为唯我独尊而爱国；要么认为自己不如任何人，因为自卑而嘲笑、摒弃爱国主义。

我心中的爱国和"我国第一"的自傲没有关系，而是一种亲情，一种对自我的承认。就像我们对自己的家人，是的，我的爸爸妈妈不是最英俊美丽的，不是最有钱的，但是他们是我的爸爸妈妈啊，这是不可改变的自然事实。而我接纳我的家，我的自我存在，我的国家，不管她是不是世界第一都无所谓。深情源于接纳。这就是我的爱国主义。

希望晴晴能够慢慢感受到，世界中的中国。

愿新一年都能看见自己，听见自己，都能有新的梦想实现。

愿你的心越来越自由。

写给儿童的阅读建议

周国平

学者、作家,著有《尼采:在世纪的转折点上》《人与永恒》《妞妞:一个父亲的札记》等,两个孩子的父亲。一个人喜欢阅读,能按照自己的兴趣来支配阅读,这样的人就具备了一种最重要的能力,就是自我教育的能力。可见让一个孩子爱读书、会读书是多么重要。

周枰序　7岁　《小叩叩和老爸爸》

周国平

我出了两本书，都叫《周国平论教育》，第一本的副题是"守护人性"，第二本的副题是"传承高贵"，表达了我对教育的看法。有一回教育电视台给我做个采访，主持人问我：你从来没当过老师，专业也不是教育，凭什么写两本书论教育？

有三点理由：第一，我当过学生，从学生的角度对教育深有体会。第二，我是学生的家长，两个孩子都在学校上学，从家长的角度也有体会。第三，我是研究哲学的，研究哲学和教育有密切的联系。哲学思考的是人该怎么活着，怎么活着有意义，应该怎么做人。教育就是要让孩子们好好地做人，实现人生的价值。

语文教育要做什么

先说对语文课和语文教学的看法。在我眼中，语就是母语，文就是人文。语文教育主要的使命就是两条：第一，母语训练；第二，人文素养的培养，或心灵的培养。

"语文是一种知识"——如果这样定位就错了。语文主要不是知识，是能力。从母语训练来讲，要培养的是说、读、写的能力，口头表达的能力，阅读的能力和文字表达的能力。从人文培养、心灵培养来说，要培养感和思的能力。感是感受能力，心灵丰富，对人生、对世界有丰富的感受。思是独立思考的能力。一个人有敏锐丰富的感受能力，有独立思考的能力，就是一个有人文素养的人。

母语训练的重要性在哪？第一，它是人生全部教育的起点。尼采有一个比喻：母语是一个人的文化母乳。母语是一个人心灵成长最重要的环境，人都是在母语的环境里、在母语的滋养下学会思考、表达、交流的。

现在改革开放，我们教育的孩子们，以后可能会有各式各样的出路。不管是在国内还是国外生活，母语训练都非常重要。我有个观点：什么叫爱国？爱国就是爱母语。母语是你最重要的祖国。一个民族最重要的特征是什么？语言。一个民族如果语言被消灭了，这个民族就不存在了，就被别的民族同化了。如果有好的母语训练，你走到天涯海角，在文化上都是有根的。生活在国外的华裔，如果不会讲母语了，在文化上就不再是中国人了。让孩子有母语的基础是非常重要的，以后到美国、到欧洲生活去，如果母语很弱，文化上已经没有自己的根了，甚至不是一个中国人了。但你能融入西方文化吗？很难。就会成为一个"无家可归"的人，有很多这样的人，那是一个很可悲的状态。

第二个重要性，母语训练是一切后续教育的基础。大学以后就分专业了，毕业后人们要从事不同的职业。不管从事什么职业，母语是必须具备的技能。在母语的范围内能正确地思想、阅读、写作，是各个专业必须具备的能力。哪怕理工科，搞科学研究、写研究报告也必须有这样的能力。

语文教育的第二个使命，是心灵的培养、人文素质的培养，其中最重要的是感受能力和思考能力的培养。

阅读的目的：智、情、德

母语训练、心灵培养在实际教学中是不可分的，主要都是通过阅读和写作来培养。语文课包括两大部分：一是阅读，包括课文的阅读和课外的阅读；一是写作。

阅读我想讲三个问题：为什么读？读什么？怎么读？

为什么读？这就是阅读与成长的关系。一个人阅读习惯和品位的培养，和一个人心灵的成长，两者是一回事，是同步的。在孤立的环境中，一个人的精神是不可能成长的。他一定要有一个环境、一个精神的氛围。从横的方面来说，从空间来说，他生活在这个世界上，要和人接触，要过社会的生活，要有各种的交流,包括上学,他需要这个环境。从竖的方面来说,从时间来说,人的心灵成长离不开人类精神生活的传统,不可能脱离这个传统来孤立地过自己的生活。什么叫作有文化?在我看来,就是你进到人类精神生活的传统里去思考。离开传统是不可能有心灵成长的,必须要吸收精神的养料,这些养料主要是以书籍的形式存在的。人类有一个精神生活的传统,这个传统最主要的载体就是书籍。通过去读人类用书籍形式承载的精神财富,把这些变成自己的财富,一个人的心灵就丰富、成长了。

心灵成长是人的精神能力得到成长,一般来说,精神能力分成三个方面,智、情、德。通过阅读、学习,能让这三方面的能力得到很好的发展。

从智力来说,通过阅读、教育,让一个人保持对世界的好奇心,能够独立思考,这是最重要的,不在于知识。怀特海说,什么是教育?等你把在课堂上学的东西都忘记了,把为考试而背诵的东西都忘记了,剩下的东西就是教育。如果把这些都忘记后什么都没剩下,那就白受了教育。剩下的东西是什么?是一种融入你的血肉的智力活动的习惯。一个人通过受教育、阅读后,学习和思考成了本能,不学习、不思考就难受,教育就成功了。

我始终强调知识不是第一位的,能力是第一位的。从智力来说,一种独立思考的能力、一种智力活动的习惯,是最重要的。

如果一个人在学校里仅仅学了知识，但不具备上述能力，基本上我可以断定，他出去后在学习上不会再有长进，到此为止了。但一个人是需要一辈子学习的，我体会很深。学校里学的一些东西我全部忘记了，但我最庆幸的是，在学校教育里培育了智力活动的习惯。从小学、中学、大学出来以后，一个人最重要的能力是什么？一是快乐学习的能力，一是自主学习的能力。也可以换一种说法，一是快乐阅读的能力，一是自主阅读的能力。一个人喜欢阅读，能按照自己的兴趣来支配阅读，这样的人就具备了一种最重要的能力，就是自我教育的能力。教育的终极目标是什么？就是让受教育者具备自我教育的能力，有了这个能力，他自己会一辈子学习。否则，教育都是表面的。可见让一个孩子爱读书、会读书是多么重要。

从情感教育来说，最重要的目标是培养敏锐的感受力，有丰富的心灵，而不仅仅是学点绘画、音乐等的技能。培养丰富的心灵，阅读是重要的途径之一。

从道德教育来说，德育的目标应该是让人拥有善良高贵的灵魂，而不仅仅是道德规范。

教育应该抓在根本上，让人成为一个人性意义上优秀的人，拥有自由的头脑、丰富的心灵、善良高贵的灵魂，这才是一个值得争取的目标。仅仅是知识，甚至更低一点，为了将来有一个好的职业,这些目标太可怜了。人只有一辈子,不活出人的光彩来,仅仅在那里过一个物质上好的生活,你的价值没有真正实现,太可惜了。

一定要读经典的好书

接下来讲讲读什么。我读书时的选择非常明确,看经典著作和名著。一定要读好书。我把读书作为一种追求和喜好,读书经验可归纳为"三个不"。第一个"不",不务正业,博览群书。一个人来到这个世界上,就必须规定自己走一条狭窄的路吗?规定自己这一生就干一件事吗?你应该享受作为一个人的美好和丰富,所以没必要受专业的限制。第二个"不",不走弯路,直奔大师。我说的这种经典著作是一代一代会读书的人挑选出来的,他们读了以后都觉得这是好书。有些书可读可不读,有一些是必读的。第三个"不",不求甚解,为我所用。哪怕是读经典著作,我也不是为了做学问。我是为了自己心智的生长,让自己过高品质的精神生活。

好的阅读材料非常重要。《日有所诵》,给一年级到六年级孩子能读懂的优秀内容,这是非常好的。给孩子选优秀读物,这要花大力气做。让那些真正有研究,自己又有一颗童心、理解孩子的，同时又对现代人的需要有所了解的人，一起来编辑真正好的书，让孩子们读。

以前这样的书也有，改革开放之前有一套四本《古代诗歌选》，从汉朝一直选到清朝，专门给孩子们编的，我当年读了很受益。现在诗人北岛编了一套给孩子读的系列书，反响非常好。他跟我约了一本，叫《给孩子读的哲理》，从西方哲学里面选一些精彩的段落编一下，我正在做这件事。

一方面，我们要挑适合孩子阅读程度的书；另一方面，一定不要低估孩子的理解能力。尤其是哲学方面的，孩子对哲学的悟性要比大人好很多。

标准答案：我做阅读理解，也只有69分

我想重点讲讲怎么读的问题。现在语文教育我是不满意的，我2017年写了一本书叫做《对标准答案说不》，小学课本没有我的文章，但中学课本和中学语文测试卷子经常选我的文章。有个编辑收集了55篇这样的语文测试卷子，都是用我的一篇文章作阅读理解题，有测试的题目，有参考答案，实际上就是标准答案，我给每份试卷写了一个点评，表达我的看法。经常有中学生吐槽说，周老师，你把我们害苦了。有一回我朋友上

初中的女儿拿一份试卷给我，说周叔叔你自己做一下。题目是《人的高贵在于灵魂》，我按照考题来做，做完后她按照标准答案给我打分，打了69分，她说你还不如我呢，我得了71分。这里就有问题了，作者读了之后不能理解自己的作品。当然，作者自己的理解也不是标准。可是现在这种考试的方式真正能考出一个人对课文的理解程度吗？我觉得不能。

这就是对语文的定位发生了错误，现在这种测试的方式，把语文定位为知识，这是错的。起码语文不仅仅是知识。现在，语文主要考三种知识。

第一，语词，要写对，不能写错。字写对是应该的，但这个不是很重要，这是迟早都会的事。我儿子现在五年级，很不耐烦背生词、背单词，他经常错。错了以后，每个字都要抄五遍、十遍，我经常看见他含着眼泪在抄，有那么重要吗？这迟早都会的。

第二，语法修辞。有的卷子里提问：这段文字用了什么样的论证方法？都是我的文字，我说不出来什么论证方法，写的时候哪想到用了什么论证方法？后来我一看，大开眼界，这么多论证方法：道理论证、举例论证、对比论证、正反论证、比喻论证、引用论证，等等。太可怕了。如果人写作时要想这么多，这篇文章就写不下去了。让孩子知道是什么论证方法，很重要吗？那段话他理解就行了，不一定非要让他说出是什么论证方法。语法知识、修辞知识都是默会的，用不着死记硬背。没一个作家是因为牢记了这些修辞和语法知识成为一个好作家。

第三，把内容归结为一些知识的要点。一篇课文，要记住主题思想、段落大意，然后再问你某几句话的含义是什么。这些东西拿给我，我自己真说不清楚。

这样把语文归结为知识，问题在什么地方？

第一，把理解简单化了。理解一个文本并不是把这些语法、修辞、段落大意等知识要点拎出来，记住了就算理解了。文本的意义远远大于这些知识的总和，意义在这些知识之外，反而被漏掉了。

第二，阻碍了理解。语文教学往往逼迫学生去找标准答案，而不是把注意力放在真正理解课文上面。真正的理解过程是什么样子的？德国哲学家伽德默尔（Gadamer，1900—2002）提出了一个视界融合的理论，他是哲学解释学的创始人。他说，面对一个文本，刚接触时文本的意义对于你来说是外在的，同时，如果一个人的心灵是一片空白，什么也没读过、感受过、思考过，读一个文本是完全读不懂的。一个人一定是带着自己的心灵积累去读任何文本的，这是阅读不可违背的一个规律。这恰恰是阅读的一个前提条件，是件好事情。阅读理解的过程就是你的心灵积累和文本的意义两者相互作用的过程，文本的视界和接受者的视界发生了融合。

　　一个好的阅读是阅读者的心灵积累和文本的意义在进行热烈有效的对话，这才是好的理解。在这个过程中，阅读者的心灵积累和文本的意义都在增长。最后你得到的东西并不是文本的一个客观的意义，没有的。我相信一个好的文本是没有标准答案的，它可以让一代一代人不断重新理解，这才是好文本。仅仅包含几个知识要点，那是非常糟糕的文本。

　　我们在自然的状态中阅读时，哪个人会去想语法关系、主题思想是什么？你会这么想吗？想着这些问题去阅读的人，我觉得是一个傻瓜。自然的阅读状态就是一个好文章你读了以后高兴，读进去了，调动了很多你自己的感受。我们应该让孩子们享受这样的自然阅读过程，不要用那些知识点去败坏他们的阅读兴趣。

写作：童趣的，好玩的，不是高大上的

　　语文课上，写作文也是一大块。我强调要正确地写，不要优美地写。我曾跟一个作家辩论，他说要写得优美，我说优美不应该是标准。当然，你喜欢优美可以去优美。但写作最重要的东西，是真实、准确。反映出我们平时思考感受的真实状况，

没有人是用美文去思考的。

什么叫正确地写？

第一，写什么。要写真实的感受和独立的思考。感受要强调真实，思考要强调独立，是自己的感受和思考。一篇文章如果什么真实的感受都没有，什么独立思考的东西都没有，就是废纸，毫无意义。真正的写作冲动就是因为你有了真实的感受和独立的思考，想表达出来。为写文章而写文章，没意义。

让孩子们写文章时，出题目、辅导，重点要放在这里，要把孩子们真实的感受和自己的想法引出来。现在小学里有些作文题目根本不适合孩子们写，他们毫无体验，只能编。有的题目孩子们是有体验的，但是老师往往规定几个要点，如果不符合要求，写得很有童趣，也通不过。小学生写作文的重点应该放在童趣，写好玩的事、好玩的想法，这时写作是快乐的，写毫无感受的东西是痛苦的，是在对付，对付不好还要受惩罚，很痛苦。至于语句是不是很通顺，有没有错别字，我真觉得不重要。写作源头不能被堵塞了。

有些老师往往要学生写一些高大上的题目，这很可怕，孩子对这些东西是完全没有概念的，你在逼他编造，在服从社会某种要求，这是一个非常不合理的要求。养成习惯以后，他自己不会思考了，他觉得自己思考是错误的，这非常可怕。写作文，应该让一个人的精神素质健康地发育。弄不好，往相反的方向发展，很糟糕。

第二，怎么写？我强调的是要诚实地表达，诚实是最重要的。有了真实的感受、独立的思考，就把它原原本本地表达出来，寻找准确的语言把它表达出来，这就是好文章。在这方面，教学中也有一些问题，作文往往是有套路的，这非常可怕。每个小孩都不一样，如果孩子写出来的作文都千奇百怪，各有自己不同的地方、好玩的地方，我觉得你成功了，你是一个好老师。如果写出来的作文都差不多，千篇一律，你这个语文老师就很糟糕，你的引导肯定有问题。

还有一种风气，就是让孩子们抄写好词好句，在考试写作文的时候用上。当然，一个人在学习写作的过程中，有时需要一些模仿。但要让孩子们清楚模仿仅仅是一种手段，最后的目的还是要形成他自己的写作方式。我强调真实感受、独立思考、诚实表达，其实作家里能这样做的人也不多，有些作家非常注意修辞，这当然可以，但这不是最重要的，最重要的是我讲的这三点，这样的作品含金量是高的。应该要让孩子去读这样的作品，受到熏陶，同时告诉他们，你也能写出这样的作品，不用模仿。

（该文为周国平在2018年中国儿童阅读论坛的演讲，原题为《阅读与成长》，略有删节）

致信儿子

麦　家

　　作家，著有《解密》《暗算》《风声》等。当儿子到万里之外的大洋彼岸留学，他选择的爱孩子的方式，就是提醒他：要守护好自己的生命和心灵，实在想家了，就读本书。

刘峻成　7岁　《夜晚的城市》

麦 家

儿子，当你看到这封信时，你已在我万里之外，我则在你地球的另一端。地球很大，我们太小了，但我们不甘于小，我们要超过地球，所以你出发了。这是一次蓄谋已久的远行，为了这一天，我们都用了18年的时间做准备；这也是你命中注定的一次远行，有了这一天，你的人生才可能走得更远。

我没有到过费城，但可以想象，那边的月亮不会比杭州的大，或者小；那边的房楼一定也是钢筋水泥的；那边的街弄照样是人来车往的；那边的人虽然肤色貌相跟我们有别，但心照样是要疼痛的，情照样是要圆缺的，生活照样是有苦有乐、喜忧参半的。世界很大，却是大同小异。也许最不同的是你，你从此没有了免费的厨师、采购员、保洁员、闹钟、司机、心理医生，你的父母变成了一封信、一部手机、一份思念，今后一切你都要自己操心操劳，饿了要自己下厨，乏累了要自己放松，流泪了要自己擦干，生病了要自己去寻医生。这一下，你是那么的不一样，你成了自己的父亲、母亲、长辈。这一天，是那么的神奇，仿佛你一下就长大了。

但这，只是仿佛，不是真实。真实的你只是在长大的路上，如果不是吉星高照，这条路必定是漫漫长长的，坎坎坷坷的，风风雨雨的。我爱你，真想变作一颗吉星，高悬在你头顶，帮你化掉风雨，让和风丽日一直伴你前行。但这是不可能的，即便可能，对不起，儿子，我也不会这么做。为什么？因为我爱你，因为那样的话，你的人生必定是空洞的、苍白的、弱小的，至多不过是一条缸里的鱼、盆里的花、挂着铃铛叮当响的宠物。这样的话我会感到羞愧的，因为你真正失败了。你可以失败，但决不能这样失败，竟然是被太阳晒死的，是被海水咸死的，是被寒风冻死的。作为男人，这也许是莫大的耻和辱！

好了，就让风雨与你同舟吧，就让荆棘陪你前行吧。既然有风雨，有荆棘，风雨中不免夹着雷电，荆棘中不免埋着陷阱，作为父亲，我爱你的方式就是提醒你，你要小心哦，你要守护好自己哦。说到守护，你首先要守护好你的生命，要爱惜身体，要冷暖自知，劳逸结合，更要远离一切形式的冲突，言语的、肢体的、个别的、群体的。青春是尖锐的、莽撞的，任何冲突

麦 家

都可能发生裂变，而生命是娇嫩的……这一点我只想一言蔽之，生命是最大的，生命面前你可以理直气壮地放下任何一切，别无选择。

其次，你要尽量守护好你的心。这心不是心脏的心，而是心灵的心。它应该是善良的，宽敞的，亮堂的，干净的，充实的，博爱的，审美的。善是良之本，宽是容之器，亮了，才能堂堂正正，不鬼祟，不魍魉。心若黑了、脏了，人间就是地狱，天堂也是地狱；心若空了，陷阱无处不在，黄金也是陷阱。关于爱，你必须做它的主人，你要爱自己，更要爱他人，爱你不喜欢的人，爱你的对手。爱亲人朋友是人之常情，是天理，也是本能，是平凡的；爱你不喜欢的人，甚至仇人、敌人，才是道德，才是修养，才是不凡的。儿子，请一定记住，爱是翻越任何关隘的通行证，爱他人是最大的爱自己。然后我们来说说美吧，如果说爱是阳光，那么美是月光。月光似乎是虚的、没用的。没有月光，万物照样漫生漫长，开花结果。但你想象一下，倘若没有月光，我们人类会丢失多少情意、多少相思、多少诗歌、多少音乐。美是虚的，又是实的，它实在你心田，它让你的生命变得有滋有味，有情有意，色香俱全，饱满生动。

呵呵,儿子,你的父亲真饶舌是不?好吧,到此为止,我不想你,也希望你别想家。如果实在想了,那就读本书吧。你知道的,爸爸有句格言:读书就是回家,书这一张纸比钞票更值钱!请容我最后饶舌一句,刚才我说的似乎都是战略性的东西,让书带你回家,让书安你的心,让书练你的翅膀,这也许就是战术吧。

爱你的父亲

成长比成功更重要

于 丹

学者、北京师范大学教授,代表作《于丹〈论语〉心得》。她希望孩子能够保持对科学、对艺术的信任。科学能让人避免无知,艺术能让人活得有趣。不论长大后遇到多少挫折,甚至受到多少伤害,她依然希望女儿能保持对善良和尊严的信任。

王子楚 8岁 《火烈鸟》

于 丹

孩子：

　　妈妈现在跟你说的这些话，只是我现在的想法而已。作为一个成年人，我不敢说我现在的想法一定正确，你长大以后可以去修正它们，但这是我现在最想对你说的话。

常 识

　　孩子，人要有常识，要懂得社会上最基础的东西。你刚刚上完幼儿园时坚信的那些道理，妈妈希望你长大以后也坚信如初。比如，任何事情要有秩序，要排队，要有先来后到。人越是长大，越是容易变得对很多事情不屑，会觉得那些事情很幼稚。其实，一个人忘了幼儿园规矩的时候，反而是自己特别狂妄、特别无知的时候。妈妈曾经给你讲过木桶理论：一个桶，如果它是由长短不齐的板子箍起来的，决定水容量的是哪块板呢？你的答案很正确：最低的一块板子。

　　常识，就是我们的最低板。如果你对于这个世界的常识，包括你自己生活的各方面指标都能够达到60分以上，我不会太关注你有几个90分。如果你都在60分以上,那你已经是一个好公民了,你已经能够对自己负责。90分是人生命里的锦上添花,但60分是人生命里的雪中送炭。我只希望你方方面面都在常识以上。

规则

社会在进步,但有时候我们只欣喜于得到的东西,却忽略了付出的是什么。妈妈和你童年的游戏方式有着天壤之别。妈妈小时候是上世纪70年代,在北京的胡同里,女孩流行玩砍沙包和跳皮筋。橡皮筋一角钱可以买一大把,然后我们一根一根地把它们套起来,连成一根皮筋,从脚踝到腿弯到大腿到腰间到肩膀,可以一直跳到"大举"。那时穷有穷的玩法,而且我们的玩法很公平,哪一方输了绝对不许耍赖,谁输了谁就得下来撑皮筋。这是一种游戏规则。

现在,小区里几乎每个孩子都有一个滑板车、一副轮滑鞋,你们滑到彼此面前,打个招呼又散开了。你们拥有的空间越来越大,速度越来越快,但你们已经失去了一个群体游戏的环境。滑板车和轮滑鞋给了你们自由奔跑的速度,却缺少了大家都必须服从的规则。为什么有些小朋友容易耍赖?因为他们处于规

于 丹

则之中的时间越来越少了。

妈妈小时候和同龄人一起跳皮筋、砍沙包,你要是耍赖,人家就不和你一块儿玩了。所以我们会自己解决规则认同的问题。你们也是好孩子、乖孩子,但你们在玩的时候就缺失了对规则的协商和认同。当所有的孩子都踩着滑板车在速度中独往独来时,你们怎么能懂得牺牲和谦让?

妈妈希望你从小就找到一种生命的自觉,一种建立在服从基础上的自觉。这种服从是对伦理的服从、规则的服从,是个人对集体的服从。为什么很多考上大学的高才生,却总是磕磕碰碰、与人有那么多冲突呢? 到了你念大学时再告诉你什么叫作"规则",已经晚了。

犯错

孩子,人犯错是难免的。《论语》里子贡说过,一个君子犯了错,就像太阳的日食、月亮的月食一样,有过错时,人人都看得见;改正后,大家照样会仰望它。所以,妈妈从来不希望你做一个完美的孩子,但妈妈希望你犯错以后,能勇敢站出来承担自己的责任,能说一声"对不起",这就是勇气。人总是要为自己买单的,任何事,不管是做错了,还是受伤了,没人能替代你,最爱你的人也不能替代你。

敢于认错,比不犯错重要,能改错比敢于认错更重要。这是对自己负责,也是对别人负责。

生命的修复能力

你四岁时,在手工课上做了一个花篮。有一天你"哐当"一声把花篮摔了,花篮一角摔出了一个三角口子,你"哇"的一声哭了。我说:"我们试试,看看能不能让花篮比没摔破时更漂亮!"我们又是剪又是贴,你还用彩笔画上颜色,最后,我们做出来一个非常漂亮的花篮。你和我说:"妈妈我懂了,哭是没用的。"我听了很欣慰。但让我微微郁闷的是,后来家里每逢打坏什么东西,你都特别高兴,说:"我们试试,看能不能让它比没坏的时候更好看!"

当然,不是所有的东西都能再做成比它没坏的时候更好,我们的底线只能是不让它更坏。这是一种生命的修复能力。一个人一辈子会遇上什么事情,我们无法左右,但是修复生命的能力,却在我们自己的掌握之中。这种能力,我觉得在四岁时告诉你,并不算太早。

于丹

伪命题

孩子，很多时候人是被自己吓着的，是被别人的以为击垮的，人这一辈子要是不被伪命题绑架，可以避掉很多烦恼。

这是一个众声喧哗的时代，电视上、网络上、微博上，会有太多声音去评判一件事情的是与非。别人的以为，并不一定能替代你的判断。

前两天吃饭时，你问过我一个你们小学二年级的四则混合运算题，你说527减107，跟527减100加7相等吗？我当时吃着饭，真是不假思索就说，相等啊，一样啊。你听了哈哈大笑。你说，妈妈你算算看。我停了筷子认真地想，527减107是420，527先减掉100，再加上7，是434。我惊讶地发现这两个看起来那么相近的式子，结果却不一样。

所以你看，我们以为的事情有多少其实并不是真相呢？我们总是习惯于以自己的经验去判断一些似是而非的事情，我们常常被自己的以为害了。我们更容易被害的，是众人的以为。如果所有的事情，用自己的心去好好考评，你长大后会发现人的烦恼、恐惧、惶惑，很多不安都是并不存在的伪命题。或者是即使存在，但没有你想象的那么夸张。

科学与艺术

孩子,妈妈希望你能够保持对科学、对艺术的信任。科学能让人避免无知,艺术能让人活得有趣。

你曾经在三四岁的时候拉着妈妈看迎春花和连翘有什么区别。你带我看它们的花瓣形状、它们是向上长还是向下长的,你观察之仔细、描述之清楚,令我自愧不如。你也是从三四岁的时候开始喜欢弹钢琴。虽然你后来练琴很辛苦,但那真的是你小时候坚持的。

不知道你长大以后对科学和艺术还会这么信任吗?人的一生会遇到无数的困难,一个相信科学的人,不会陷落于愚昧,也可以少掉很多因无知而来的恐惧。

我们今天这个社会,在你小时候还记忆不深的这个社会,是喧嚣、浮躁的。我特别希望,我的学生——那些哥哥姐姐,还有你,希望你们长大以后的社会能更理性。每一个公民的理性,其实是从他们信任科学的态度开始的。妈妈是一个数理化学得很差的人,但我深信科学能带给人理性。

你常说,我妈妈会背那么多诗,但我妈妈不会弹钢琴。我很惭愧,这一点我不如你。但我不要求你钢琴一定要考过多少级,我只希望你能够保持对艺术的热爱,能在艺术里找到一种释放。不论你长大后遇到多少挫折,甚至受多少伤害,我依然希望你能保持对善良和尊严的信任。你能够救你自己。

成长比成功更重要

现在,社会上关于成功的教育太多了,我们几乎把成功作为人生的终极目标。但我始终认为,成长比成功更重要。

成功,或许是一个评判人的标准,但只是成长的一部分标准。成长是一套综合、多元的标准体系。一个人,只要生命能成长,就一定有未来。有这样一个故事:一个年轻人对料事如神的老酋长很不服气,有一天他捉了一只刚孵出来的小鸟放在身后,问老酋长:"我手里的小鸟是生还是死?"他想,你要说它是活的,我就手指一捻捻死它;你要说是死的,我手心一张就让它飞起来。结果,那位睿智的老人只是宽容地一笑,他说:"生命就在你的手中!"

这是一个好故事,它关乎生命的成长。所有时间中,最重要的就是当下;所有权利中,最重要的就是成长。成长是一个过程,成功是一个结论;成长是相关于生命的评价,成功是相关于社会的评价;成长是一个内在的系统,成功是一个外在的体系。妈妈更希望你注重心灵、注重自我、注重人格,而并不是那么在乎外在的标签。

  孩子,你长大以后,可能会修正妈妈的想法。再过十年八年,也许妈妈也会修正自己的想法。但这些是我现在最想跟你说的话。妈妈就是希望你能成为一个身心健康、有独立的生存能力和快乐能力的好人。

三个真相

古　典

新精英生涯创始人、职业规划师，代表作《拆掉思维里的墙》等，2013年成为父亲。他了悟到生命是一场破坏性的创造，世界也并不公平，所以，重要的不是小心翼翼地活着，让谁都喜欢你，而是要活得精彩，活得认真，跟自己比。

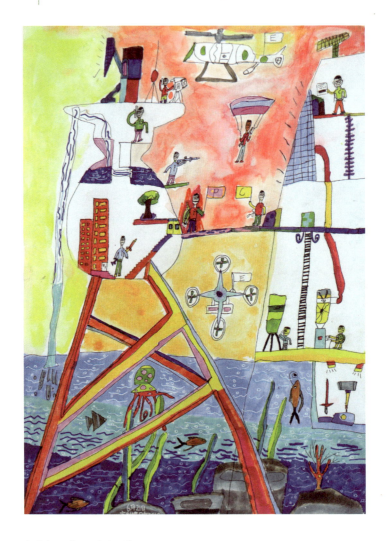

郭储鸣 7岁 《未来世界》

古 典

弯弯：

在你出生的第 68 天，我亲爱的外婆、你的太姥姥去世。我取消回北京的机票，飞到深圳送你的奶奶离开。看到在外婆身边哭得那么伤心的妈妈，我一次次地告诉她，外婆并没有真的离开：她的样貌留在了你我身上，她给长工送糖的故事让我们学会善良，她的辛劳让家里兴旺，她的生命变成了我们的，我们的也会变成你的，而她用完了自己的生命，就离开了。

这其实才是生命的真相。生命是一场破坏性的创造。

我在产房看着你出生，你的出生给你妈妈带来巨大的痛苦。你每天吃的奶水，来自她身体的消耗。当你慢慢长大，你妈妈的身材样貌也都逐渐改变，活力从她的身上走到你的身上。你 6 个月以后开始吃米汤，广义地说，需要毁掉一些植物的生命。你日后喜欢吃牛肉、香肠，需要毁掉一些动物的生命。为了延续你的生命，你必须结束它们的生命，它们的生命变成了你的。虽然听起来残酷，但这是常识。这常识在你进入社会之后会被很多东西掩盖，青菜、肉类都会被小心翼翼地包装在超市的食品袋里面，胜者和负者的故事被分开来讲，以至于你永远看不到——当你在创造的时候,你也一定在破坏。

所以,弯弯,重要的不是小心翼翼地活着,谁也不伤害,谁也不得罪,让谁都喜欢你,这不可能。关键是创造你自己的生命——让自己活出意义来,活出特色来,活得让自己对得起因为你而失去生命的牛牛羊羊猪猪们,对得起人们为你注入的生命力。好的生命不是完美,也不是安全,而是值得。

我要讲的第二件事是关于世界的。弯弯,这个世界并不公平。不知道你长大以后,幼儿园的阿姨会怎么教你。在你刚出生的时候,有个月嫂阿姨在我们家工作,她每天只睡几个小时,每天30多次被你的哭闹唤过去,却充满爱意地呼应你,拍着你。她真心喜欢你,绝不是为了钱。相比她的辛苦,她的收入并不高,她做着一份爸爸妈妈不羡慕的工作,但是有很多人羡慕她。

你的阿姨并不比我们笨,也和你的爸爸妈妈一样努力,但是她的生活并没有我们好,这并不公平。在你出生的头一个月,她陪在你身边的时间比我和妈妈还要多。但是等你长大了,你会忘记她,而记得爸爸妈妈。这也不算公平。即使这样,还有很多其他的阿姨羡慕你的月嫂阿姨,因为她们也许更加累,却没有得到同样的收获,这更不公平。

亲爱的弯弯,这个世界并不公平。努力能在一定程度上改变命运，但是不一定能完完全全地改变。

所以你要记住，与别人相比是没有意义的。那虽然是所有人的第一反应，但那是一种永无宁日、绝无胜算的自我折磨。如果你有能力，记得要和自己比，让自己过得好一些。理解自己的心有多大。给人生做加法带来快乐，做减法带来安心，加加减减到让自己舒服。世界虽然没有给每个人提供完美的生活，却给每个人足够的资源拿到他们应得的东西。

如果你能活得更好一些，那么去帮帮那些过得比你差的人——尤其是那些活得不够好还很努力的人，你和他们最有能力改变这个世界。要对世界有信心，它正在变好。怎么找到这个机会？好好观察你身边的人，包括你自己。你的麻烦背后就是你的天命。

我要讲的第三件事是关于你与世界的关系。你要过得认真一些。从你出生到离开的这段时间，只有3万多天，而等到你能读这封信时，你已经花掉2 000多天了。还有最后那么4 000多天，你会老得精力无几。所以，记得要认真生活。

那么，认真和努力之后一定能成功吗？我要给你讲一个努力银行的童话：

有个叫上帝的人，他开了一家努力银行。

每个人都有一个冠以自己名字的努力账户。每个人每天都在往里面存入自己的努力。有的人存得多，有的人存得少。有的人第二天就取，有的人则很多年以后一次性取出来。

上帝在干什么呢？

上帝要保证每个人账目公平，不能有错账。上帝还要标注那些存努力存得最多的金卡客户，给他们分配更多的回报。上帝很忙很忙。

但如果总是这样，总是那么几个最努力的人有最多的回报，这工作也太不好玩啦。

所以每隔10年，上帝就调出所有的金卡客户，抽一次奖，然后随机把一个巨大的成功分给中奖的那个幸运的家伙。

所以，弯弯，只要努力，就会有合理的回报。而那些巨大的成功，往往来自幸运——但是请先确定，你努力拿到了金卡。

亲爱的弯弯，欢迎来到这个世界。

记得要活得精彩，活得认真，跟自己比。

愿你过上我从未看见与理解的生活。

父亲是女儿的保护伞

周　濂

学者，代表作《你永远都无法叫醒一个装睡的人》，2013年女儿布谷出生。为了陪女儿，他放下了很多事情，周濂觉得成为父亲，最大的变化是"我觉得自己好像变得柔软了一些"。他认为父亲就该是女儿的保护伞，应该给她提供绝对的安全感。

兰柏　7岁　《玩具一样的人》

周濂

我女儿布谷现在10个月零6天（2013年12月26日）。10个月的孩子是个什么样子呢？她会叫妈妈，会叫猫，认识奶奶、外婆、爸爸、阿姨、电灯、电视、闹钟，以及墙上各种固定的动物图案，喜欢出门，喜欢照镜子，喜欢被脸朝前方抱着，开心了就手舞足蹈像个电动玩具小人。她最喜欢的公仔是一个猴子外形的热水袋，每晚睡觉都要紧紧抱着。对了，目前为止她总共叫过3次爸爸，我都记着呢。现在的她开始有强烈的自主意识，想要什么东西或者要去哪里，她都手指着那边啊啊啊地叫。她出生一个月后我就总结出她哭的类型，哎哟哎哟哎哟哟是吃不到奶的急躁，哎呀哎呀哎呀呀是吃奶吃累了，做嘴唇发抖状、长一声短三声的哇是饿极了饿疯了，咿咿呀呀则是吃饱了心满意足。装睡？还没有，但她有装哭过。当她想要一个东西，你不给她，她就开始干号。你一塞给她，她立刻就好了。

要孩子对我们来说是水到渠成的事儿。我们之前并没有具体规划，就觉得如果老天送我们一个宝贝，我们就把她接下来。一切顺其自然。

哦，这是我的孩子

实际上对于我来说，父亲的角色感差不多是她出生两三个月后慢慢才有的。女人之前有10个月的准备，身体一步步的变化她自己能感受得特别清晰。男人不一样，吧唧扔给你一个小孩，你要非常强努着告诉自己：哦，这是我的孩子。这不是那么自然的过程。

刚抱到布谷那一刻，我就告诉自己，此时我应该表现出感动来。其实很怪异，因为布谷是剖腹产，父亲是不能全程跟踪的。我进去以后就看到一个血刺呼啦的婴儿躺在那里，身上黏糊糊脏兮兮的，呱呱地哭。我的第一反应就是：啊？这是我孩子，这竟然是我的孩子！

我当时有点托大。我们其实请了阿姨，但我跟阿姨说你就在家里等着吧，我自己陪着老婆。当晚在医院，我一个人抱着6斤重的布谷，忙这忙那。她一晚上拉了六七次大便——新生儿要把胎粪拉干净，是那种黑绿色的。然后你就手忙脚乱给她换尿布啊，用针管给她打奶水什么的，折腾了一晚上。没觉得恶心，就是战战兢兢，如履薄冰。因为那个生命太脆弱了，你不知道怎么抱她她会舒服。那时候你就会真正懂得，什么叫含在嘴里怕化了,捧在手上怕掉了。

世界与孩子

我们没纠结过生与不生。"这个世界配不上我们的孩子。"我身边也有一些朋友这么说。我觉得这种抽象的论调没有意义。这世界配不上太多东西了,按这个标准,我们随时可以直接离开这个世界。但你会发现,每个人虽然有这样那样的烦恼,但他们总会在某一时刻过得还挺有滋味的,对吧?人生还是有很多很美好的东西。

毫无疑问,父母和子女间生来就是不平等的。你刚才说人的降生是个无从选择的过程,这当然是事实。有一种论调我特别不认同,有些子女对父母说,你没有征得我的同意把我生下来,所以你应该为我做的任何事情负责。我很反感。世界上所有的事物,一开始都是个"被抛"的过程。自主性是在"被抛"之后,在生命的展开过程中逐渐获得的。

子女和父母间也是这样,一开始都是无限的依赖。随着孩子的成长,她生理和心理上的脐带被剪断,慢慢获得自己的独立性,然后她就有了自由意识、反抗意识,有了对自由平等这些抽象价值的诉求。我虽然在政治上是个自由主义者,但在伦理上，我其实还是偏儒家的。这种对独立性和自主性的诉求，不能够从政治领域彻底移植到家庭伦理中来。至少在伦理亲情的层面，父母对子女就是有一种天然的权威在里面。在家庭教育中，一方面你要充分地放手，让子女去自由发展，但是这并不意味着要以彻底丧失家庭伦常为代价。它应该可以找到一个比较好的契合点。

以后布谷想成为钢琴家、小学教师，或是街头卖煎饼的人，我也许都不会特别去干涉。但如果布谷不懂礼貌，成为一个不友善的人，那我可能会在这方面对她做很多的情感教育，我会让她见到老人要问好，有人打招呼要回应，不能自顾自。把冷漠当成是性格，把傲慢当成是独立，我不会培养她这种情感。

性别与性向

其实生之前，我对于孩子的性别是有期待的，我希望他是男孩，因为我自己打篮球。我经常想象带着我儿子去打球，那会是很美妙的时刻。当然生了女儿之后，你就要纠正这种想象，我可以带她打羽毛球。为什么想到的都是运动？因为运动对一个人的成长很重要，我觉得身体上的自信是最根本的自信，这种自信其实比你成绩好的自信要更实在、更根本,我自己深有体会。

我和布妈有个共识,不会特别强化她的性别意识。我们可能会偏中性地培养她,不会说你作为一个女孩子就应该怎么样。归根结底,男人女人都是人嘛,我们有一个对人的最基本的要求。至于性向,我当然希望她是一个,怎么说,喜欢男生的女生。那她万一喜欢女生,我完全可以接受,没有任何问题。

家长制

《爸爸去哪儿》我也看啊!刚开始不太喜欢王岳伦,还有Angela。但是看到最后,我觉得他女儿真的很可爱,天生憨傻呆萌范儿,对人特友善。你要说我更喜欢谁,还是那个男神张亮。我觉得张亮和他儿子的相处模式很好,完全打成一片,但又能保持父亲一定的权威。我觉得这种权威是必要的,在小孩漫长的成长过程当中,你其实是他的保护者。在很多时候你可以跟他平等交流,但是孩子毕竟是个理性不足的人,他不知道危险,不知道对错,必须要给她指导。这跟什么自由民主都没关系。

我觉得一定意义上的家长制,自由主义者会认同。比方在英国，你要骑自行车就必须戴头盔，必须穿有反光的马甲，自行车的前面和后面必须要有灯，没有这些设施是不让你上路的。这当然是一个家长制的体现。它背后的预设是，政府会假定你虽然是一个理性的成年人，但你依然不知道用最正确的方式来保护自己的安全。我觉得自由主义者会接受一定意义上的家长制。自由主义要确保的是什么呢？是每个人都有属于自己的关于美好人生的理解，也应该有这个机会和权利去追求他的美好人生。

我刚才说了很多，布谷未来要成为什么样的人，她觉得什么样的人生是最美好的，在这个问题上，我会作为一个平等交流者来跟她商榷。我不会强行命令她按我的模式去走。但在她的性格培养上面，情感的表达方式上面，我觉得我应该给她设定一些条条框框。

如何面对假丑恶

如何面对社会的阴暗真的很难。我们每个成年人都在不断地自我说服，你看到这个社会有很多问题，你也意识到自己无能为力，又不想同流合污。我相信这对于孩子的教育是一个巨大的难题，我肯定不会给她刻意塑造一个童话般的世界。我会

周濂

告诉她你应该诚实待人,但是呢,你也应该意识到这个世界有很多谎言,有很多骗子,你要有自我保护的意识。我知道现在有很多人教孩子:你应该先下手为强,你应该成为这个游戏规则的获胜者。我希望我的孩子不要被这个游戏规则彻底地俘虏,因为我相信这个社会还是有一定的空间,让那些不那么遵守游戏规则的人能够活得还不错。

比方说,布谷长大后也许会去人大附小上学。在那个小环境里没准她能找到三五个挺好的朋友,构成一个还算能抵御外部压力的小圈子。如果说她不行,我也许要给她换一个环境。我有一个朋友,他觉得他的孩子在那个幼儿园里备受凌辱,就选择移民去美国了。我们也讨论过,如果未来发现国内的教育环境很差,我们会让她去国外。

我的期许

现在在路上看到四五岁的小女孩,直到二十多岁的姑娘,我都会想象布谷长大会是什么样子。我会在别人的眉目之间,寻找布谷的痕迹。

有女儿后,我认为父亲就该是女儿的保护伞,应该给她提供绝对的安全感。你要说我有什么自我预期的话,我希望我以后能做到这一点。对孩子的期待呢,其实当父母之后,你会发现对孩子的要求真的很低,你不会奢求她成为一个天才,成为一个成功的人。你就想跟天底下所有最普通的父母一样,希望她健康。我记得布妈怀孕六七个月的时候,我们去做产检,当时大夫说:"胎儿的唇部有一个地方有一点阴影。因为胎儿的体位不是很好,照得不是很清晰,你们先从B超室出去一下,转个15分钟回来再照。"

在那15分钟里,我们俩面面相觑,有点不知所措。我们设想了最坏的可能性:如果有唇裂怎么办?所以那时候你就能体会到天底下父母最朴素的期许,希望孩子是健康的。她生出来以后,你希望她这辈子是开心的,是幸福的。当然,你慢慢又会有更多的期待,外在的社会压力会不断地推动你,我觉得自己只能努力地克制自己这些非分的要求,比如为什么我的孩子必须要是班上第一名,全班有50个孩子呢,所有的孩子都当第一名怎么可能?我觉得学习不好没关系,但她要有一技之长,它足以保证她可以在班上不会见人矮三分,不会彻底地摧毁自己的自信心。一个人有一种自豪感,有尊严,这就挺好的。

她可以去当一个成功的厨师,一个成功的幼教老师。不成功也没关系,只要她对这个工作满心欢喜。比方说,她可以当

周　濂

一个图书管理员，她喜欢读书，喜欢图书馆的氛围，在里面很开心，能够跟来借书的老师和同学建立良好的沟通关系，每天去上班非常开心，她很享受这个工作，我觉得这就是成功的人生。在这一点上，我们对布谷确实没有特别多的要求。这个时代，做一件自己喜欢并且擅长的事情，其实是很难的。无数的人每天早上去挤地铁，到一个他们非常讨厌的环境，面对非常讨厌的人，做一份非常不喜欢的工作，不是吗？

02

和孩子相处，
我们永远都是初学者

你可以给予他们的是你的爱，却不是你的想法
因为他们自己有自己的思想
你可以庇护的是他们的身体，却不是他们的灵魂
因为他们的灵魂属于明天
属于你做梦也无法达到的明天

儿子：其实爸妈也是装的

郑国强

　　浙江丽水摄影家协会副主席。他的强大支撑了儿子实现理想，因为他明白，在这个社会，理想太容易妥协，欲望太容易放大。他希望儿子以后也能成为这样的爸爸。

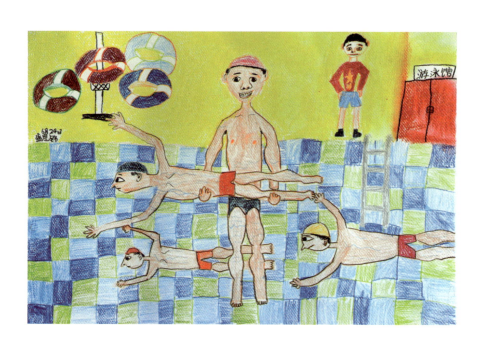

盛思铭　8岁　《爸爸教我学游泳》

郑国强

爸爸有些话想送给你。

18日是你23岁的生日，接下来这一年你也即将大学毕业走上工作岗位，爸爸有些话想送给你。

先说一些一直以来你可能不知道的事。

在你四五岁的时候，你特喜欢把小鸡鸡往插座里塞。当时你真的把你妈吓坏了，她把你小鸡鸡能够到的插座全部用胶带封上。结果有一次，你居然爬上桌子把小鸡鸡往插孔里塞。

你妈快急疯了，问我怎么办。我就弄了个打火机的打火器电了下你的手背，并严肃地告诉你把小鸡鸡插进插孔里比这要火凶（厉害）一万倍。

从此，你真的不再把小鸡鸡插进插孔里了，而是迷上了拿这个打火器电别人的小鸡鸡。我安慰你妈，电别人的总比电自己的好。

你一定有印象，在你初一的某个晚饭时，我把性书（《金赛性学报告》）放在桌上叫你拿回房间看。你妈说了句，鬼儿吊（小孩子）看这书干吗？还饭桌上拿出来，偷偷放你房间里就是了。

当时你十分难为情地低下了头。

后来我看到《钱江晚报》采访你,你回忆这事时说,其实你是装的,你六年级暑假就看过了。

我要告诉你,儿子,其实爸妈也是装的。

你知道为什么爸爸要在那个时候给你看性书吗?是你妈早上洗到了你画地图的内裤,我们商量着是时候该给你性教育了。给你看这书,你妈事先是知道的。她就是怕你难为情,才装自己也不好意思,好给你个台阶下。

所以,以后你工作了千万要记住,大人的心思你是看不透的,别老以为自己灵光(聪明),别人都是老嗨(傻瓜)。人犯嗨(傻)的时候,往往自己不知道。

还有你高一或者高二那年,我记不清了,有一次你妈整理你抽屉,翻出了避孕套,又把你妈吓坏了。问我这孩子小小年纪怎么就学坏了,这该怎么办?

我安慰她,这总比小时候把小鸡鸡插到插孔里要好吧?但你妈还是很急,问我怎么办,是没收了还是放回原处?我说,检查下生产日期,放到抽屉最上面来。

爸爸这么做就是想委婉地告诉你,你干的坏事爸妈都是知道的,所以没有照样放回原处。爸爸是主张你成年后再有性行为的，但你如果已经发生了，爸爸也不反对，你能用避孕套，爸爸很欣慰，这说明我们家性教育是很成功的，所以爸爸没有没收你的套。你妈着急爸爸很理解，当然爸爸不急，因为爸爸觉得就算急，也应该是女孩的爸妈急。

从小到大，对于你的爱好，爸爸从不干涉

小时候干涉过一回，干了爸爸这辈子最后悔的一件事，这个待会儿再说。

小学前你酷爱打麻将。你妈反对，我却赞同，我觉得打麻将不仅让你很早地学会了数数加减和识字，而且还让你分清左右，大大开发了你的智力。到了三四年级的时候，你已练就了能用手盲摸出所有麻将牌。逢年过节，你就给亲戚朋友们表演。我觉得你很争脸，你妈觉得很丢人，这样下去你会变成赌棍。但事实证明，你现在对女孩子的兴趣远远超过麻将。

后来你学国际象棋，你妈不同意，觉得下棋那是跟遛狗、钓鱼配套的老年人运动。年轻人应该学画画。

后来你淘气，没去你哥那儿学画画，天天摸到文化宫打台球。被你妈发现了，你妈很生气，叫我去台球店拎你回来。

我那次找你的时候，你正在帮老板跟一中年人"打香烟"。老板见了面夸你台球打得相当好，收你当小徒弟，说你在这一带打台球很有名。爸爸确实不懂台球，不知道老板是说真的还是帮你吹牛，但爸爸听了心里还是很高兴的。

但你妈不高兴，觉得打台球是小混混的运动，还不如让你去干老年人的运动。

于是就让你学国际象棋去了。

后来爸爸知道丁俊晖以后，才悟过来原来打台球还能这么出息。如果时间能倒流，我愿意做一次丁爸爸，就算你不是真的丁俊晖，爸爸认了。反倒现在，我心里老觉得是不是把一台球神童砸自己手上了？后来你下国际象棋，半年后就拿了丽水市第一。爸爸很惊讶，觉得这次得吸取教训，好好培养你下棋。结果不知道为什么，你自己不要下了。你妈不同意，觉得这是一个特长应该继续培养，以后拿奖了搞不好中考、高考可以加分。当时爸爸就讽刺你妈，不知道是谁以前说这是老年人运动，没前途。虽然爸爸不知道你为什么不愿意继续下，但是我觉得，既然你不愿意了，逼你也没意思。

如果国际象棋这事，我还能说服你妈的话，那么你休学写小说这事，真的让我们家陷入了激烈的家庭矛盾。

郑国强

关于你休学写小说这事的成败得失

有代沟，这很正常。你妈当初听到你不想读书想写小说，快疯了，骂你长这么大就没一次让她省心过。也骂我，都是我不闻不问纵容你自由发展给惯的。她觉得，小说什么时候都能写，但读书这玩意是不能停的，一旦休学在社会上混了一年，就直接成小混混不会回去读书了。就算回去读书，肯定静不下心来考上大学。

我说，我相信你会的，因为你向爸爸承诺过只需要一年时间实现自己的理想，然后乖乖回去上课。

这个承诺的代价是我赌上了跟你妈的婚姻。你妈当时知道我支持你休学，闹着跟我离婚，爸爸压力很大。当然庆幸的是，你最后遵守了自己的承诺，用实际行动证明你没有变成小混混，还是上了大学。

你当时质问你妈，为什么不尊重你的理想？你现在长大了，再回过头来换位想一想，我们两父子尊重过你妈的理想吗？

是的。你妈没有理想。

我跟你妈结婚的时候，我就问过你妈的理想，你妈说，赚钱好好过日子呗，讲什么理想。你妈就是这么传统现实的小女人，干的活是相夫教子，把自己的个人价值依附在家庭上。作为一个独立的个体，她很可悲；但作为妻子和母亲，她很伟大。她只希望你能好好读书，考上好大学，找到好工作，娶个好老婆，然后生个胖儿子，接着为你的孙子操心。这就是她全部的理想。而你休学后，让她在一堆中年妇女们吹牛自家儿子考了第几名时一点都插不上话。她觉得很没面子，她就是那种活在别人眼里的人，她这样是很累，但她一把年纪难不成我们俩还忍心强迫她改改价值观吗？

爸爸很理解你，休学那一年，你妈的整天唠叨和长辈们苦口婆心的劝说让你很烦躁，压力很大。其实爸妈何尝不是这样。在朋友同事、亲戚长辈面前，爸妈是不负责任的父母，没有把你劝回正道。你奶奶还直骂我毁了郑家唯一的香火，怎么对得起你死去的爷爷！

不过爸爸不后悔自己这个决定。

因为我觉得这对于你的人生来说，这是一次很好的教育。它让你明白在这个世俗的社会，坚守理想的代价不仅仅需要一个人，还需要一群人。

爸爸可以毫不脸红地吹牛说，是爸爸的强大支撑了你实现理想。

我希望你以后也能成为这样的爸爸。

爸爸之所以能理解你的理想，懂你那句"很多理想年轻的时候不坚持,老了就力不从心了",是因为爸爸就是活生生的力不从心的例子。

我 29 岁娶你妈,30 岁生了你。结婚的时候,房子住的是你妈单位分的,工资你妈是我的四倍。我是汽校毕业的,但不会修车不会开车,我只会拍照。因为穷,当时家里的姐妹们甚至你奶奶都看不起爸爸,认为爸爸不务正业,拍照发不了大财。

在一群用钱来衡量人生价值的老嗨(傻瓜)面前,我懒得搭理她们,活在自己的世界里。靠着 120 块的海鸥照相机,爸爸拍出了这辈子最优秀的作品,在国内外拿奖,真的养活了自己。

直到碰到你妈,有了你以后,我知道光养活自己是不够的,还得养家。虽然你妈丝毫不介意她赚钱来养家,但是我介意。爸爸没有抵挡住世俗的诱惑,妥协了,后来放下了照相机开舞厅、开冷饮店、开餐馆,我安慰自己,赚了钱还可以回来继续实现理想。

但是爸爸低估了钱的力量。

钱让我们住进了大房子,钱让别人看得起我们,同样钱也糟蹋了爸爸最好的年华。爸爸曾经一度钻进钱眼里,除了赚钱,对别的一点都不感兴趣。等到后来觉得赚够了钱,该去重新拾起理想的时候,我悲哀地发现,已经找不到感觉了。我觉得自己很失败,难道我这一辈子勤勤恳恳努力下来就只是为了让当年的海鸥变成现在的尼康吗?就是为了当年睡街头拍照变成现在住高档酒店去拍领导开会吗?

爸爸曾经一度把自己的理想寄托在你身上

爸爸给你取名叫郑艺,就是希望你以后搞艺术。爸爸在你小时候,经常给你介绍照相机,看摄影杂志,但你只对麻将感兴趣。爸爸就强迫你每天听我给你上半小时的摄影课。最后的结果是你把柯达傻瓜机该装胶卷的地方拿着装水。爸爸很生气,当时,就给了你一巴掌。这就是爸爸最后悔的事。

在这个社会,理想太容易妥协,欲望太容易放大。

年轻的时候,爸爸立志要成为全世界最厉害的摄影家,后来退到成为全中国最厉害的,再后来退到全中国最厉害之一,再退到能在浙江省小有名气就好。

而欲望呢?

最开始爸爸没有欲望,拍自己喜欢的,拍自己想拍的东西;后来觉得为了养活自己拍点自己不想拍的也没事;再后来为了能升官,多拍拍领导想拍的未尝不可;再后来只要能赚钱,不拍照也行。

原则（底线）就是这么一退再退，当退到某一天，我拿着相机卖力地拍着领导讲话，你妈打麻将拿着《大众摄影》垫桌脚，我就突然很鄙视自己。我这十几年都在干吗啊？

所以，当你姨妈很鄙夷地说：当小学老师能赚几个钱？还不如跟着她开店倒房子。你很幼稚地说：赚钱不是我的理想……

爸爸不理解为什么你会喜欢上小学老师这个工作，就像我很惊奇你怎么能想得出经典丽水话里那么多的黄色小广告。不过爸爸喜欢看到你投入自己喜欢的事情中去，并过得快快乐乐。就像爸爸对着《老白谈天》说的那样，你爱干吗干吗，你想干吗干吗，自由发展，爸爸全力支持。

随着年龄的增长，你的很多想法会变得更成熟。比如不是所有妥协都是失败，有时候妥协是为了更好的坚持。

试想，如果你只是一个一线的小学老师，你最多只能改变一个班的孩子。但如果你是一个校长？一个教育局局长？自己开个学校？你想一想会不会造福更多孩子呢？

当然，爸爸不要求你二十几岁就明白这些道理。如果一个人从20岁就开始妥协，做自己不喜欢的事只为了一心往上爬，那么到了爸爸这个年纪的时候，他绝对妥协成了混蛋。

……

爸爸童年里的理想是被人强加上去的。像爸爸现在跑步的时候经常呼一些口号，你觉得很好笑，比如团结紧张，严肃活泼，提高警惕，保卫祖国。但是爸爸当年喊这些的时候可是正儿八经的。所以上次爸爸听你发表理想主义的长篇大论时，感到很震撼，你真的不是小孩子了，有自己的想法了。爸爸当时说你不切实际，那是爸爸这个年纪的人本能的回答。后来爸爸睡觉前想了想，为什么很多人一听到理想主义的生活，连试都没有试过就断定自己做不到呢？甚至还要打击去试图这么做的人？爸爸不知道为什么一不小心就成了这样的人。

爸爸知错就改，现在衷心希望你理想主义地活一辈子，也祝福你找到一个同样理想主义的女孩子。如果将来你妥协了，千万别以妥协为荣，也别给自己的妥协找借口，要懂得鄙视自己。

只有不断鄙视妥协的自己，才能坚守住做人的原则。只有不断反省梦想的价值，才不会让暂时的妥协变成永远的放弃。

唯独房子，一个男人要靠自己挣

最近你妈吵着要我一起拿钱出来买房子。她的理由是，一个男人结婚前父母不给他准备房子是很没面子的事。我已经明

郑国强

确告诉你妈了，你将来的房子，我一毛钱不会出，出得起也不会出。我觉得儿子买房不是父母的责任，就算有钱也不出钱给你买房，也不是什么丢人的事。

但是如果你要创业，只要你有一个合适的想法，爸爸做你的股东；只要你想出国留学，爸爸愿意倾家荡产在你身上投资。

唯独房子，我觉得一个男人要靠自己挣。要么你自己一边理想主义地生活，一边挣够买房子的钱；要么就为了房子妥协你的理想；再要么就有本事找到一个跟你一样理想主义的人压根不需要买房。这种考验能让你人生变得丰富，并且帮助你长大。

还要顺带交代下后事。

如果我先你妈走，那么我希望你能把你妈接来跟你一起住，就像奶奶现在住我们家一样；如果你妈先我走，我绝不会跟你住，我雇个保姆去大港头租个房子一个人过。

我不需要你来赡养，你过得开心，能成家立业养好自己的孩子就是对我，也是对郑家最大的报答。如果以后有孙子，而且他喜欢摄影，这可能是我住到你家的唯一理由。

最后，从今年开始，以后每年给你爷爷上坟时，你走在最前头。如果你以后有了自己的房子，那么家里得供着你爷爷，租的房子就算了。

唠唠叨叨写了一叠，最后还得肉麻一下，你是爸爸的骄傲。

生日快乐！

一切顺利！

儿子郑艺的回信：
在这个拼爹的社会，你让我无往而不胜

首先告诉你个事，我把你写的信贴到了网上。结果感动了一大群小女孩。你可以考虑一下，是不是别拍照，改行写男默女泪文算了。

我得解释一下为什么不下象棋。

自从我妈说下棋是跟遛鸟、钓鱼配套的老年人运动后，我越发觉得它是老年人的运动。每次想到班里打篮球的哥们儿，我就心里不平衡。一群连年段比赛都拿不到名次的人，打几分钟下场就有小 MM 递毛巾、递饮料，还能引来尖叫。我每天一坐下好几个钟头，见不到半个女人。当时就觉得这运动太不拉风，断然放弃。不过台球我真的是大爱，本来搞不好你真能做世界冠军他爸，现在肠子悔青了吧？

据我妈说，我小时候就没聪明过。如果我能坚持台球是因为"骚"的话，那么我还坚持了很多事情就是因为我"蠢"。

有一次隔壁邻居的孩子叫我拿储蓄罐跟他换弹珠,我就傻呵呵地跟他换了。我妈下班后,还觉得赚大了的我特高兴地把这事告诉了她。我妈骂我傻,你知道储蓄罐里的硬币能买多少颗弹珠吗?我说,可我喜欢弹珠,不喜欢硬币啊。把我妈给气得,直到今天,她还是不断地用这个例子来羞辱我,说我脑残,不懂计算得失。

的确,直到今天我做人生中的每一个重大选择之前都是拿着我小时候的逻辑来思考——喜欢还是不喜欢?

我喜欢写小说,而且当时,很不想因为学业而耽误了写了一半的小说,我就休学了。写完了,没什么事情好干,我就又回来上学了。

我喜欢丽水话,而且喜欢和一帮同学一起乐和乐和,我就做了《经典丽水话》节目。我不喜欢把它搞得太商业,也不愿为了钱,植入软广告,而且我觉得自己目前做不出更好的作品,我就不做了。在我妈眼中这就是"赤果果(裸裸)"的幼稚和傻。

可能我妈说得对,我是没有体会到赚钱的辛苦,所以我能过得这么潇洒。这也是我最感激你的地方。是你牺牲了你的理想,换来了让我实现理想的物质基础。

爸爸,我知道那段为了赚钱而丢弃理想的日子,你过得很不开心。虽然你都是嘻嘻哈哈极力掩饰,但是那段时间你特容易喝醉，喝醉了之后就是大哭。你压力很大，我知道。你脑海中理想的生活肯定不是这样的。为了撑起这个家，你跟许多不想打交道的人打交道，你喝了很多不想喝的酒，装了很多不想装的孙子。没有人过问，也没有人在意过你内心是不是真的快乐。别人想当然地以为，有钱升官了当然就快乐了。而青春没有付诸梦想的遗憾，为了物质生活妥协精神追求的无奈，没有人会懂。

但是你比其他家长牛的地方在于，你没有把我当成你的附属，逼着我替你去实现你没完成的理想，尽管你曾经这么尝试过，但你打住得及时。尤其：还有我妈，这样一个成天打着"我都是为了你好，听我的没错"的旗号的控制欲超强的家长跟你对比，你就成中国家长里的奇葩了。

牛的家长是帮助子女实现理想，只有傻家长才控制子女实现他们的理想。你让我敬佩的不仅仅是你的强大支持了我实现理想的可能，而是即便现在，你已经过了拍照的巅峰状态，但我仍然看到了你的努力。

爸爸，拿不到金奖又怎么样呢？成不了世界最牛的摄影师又怎么样呢？对于别人来说，你需要有一大串的定语来证明自己。但对于我来说，爸爸，两个字就足够了。

作为儿子，我真正关心的是你是不是享受拍照的过程。你

郑国强

能把一个爱好坚守一生，这已经足够牛了。多一个头衔还是少一个奖项，一点都不会妨碍我以后跟你孙子吹他爷爷的牛。你的人生让我肃然起敬，不仅不失败，是"赤果果（裸裸）"的成功典范。

你对于爱好的坚持，对于梦想的态度潜移默化感染了我。我不断地激励自己：我的爸爸在穷困潦倒的时候还坚守着理想，跑遍了全国；他一把年纪吃喝成了一个胖子，上楼下楼都还喘的人，居然为了能拍到日出，爬上了浙江最高峰。那么年富力强的我，还有什么理由不去坚持理想？为什么不试一试做自己喜欢的事养活自己呢？

鉴于肉麻的结尾已经被你先用了，那么我只能来个气势磅礴的结尾：在这个拼爹的社会，你让我无往而不胜。

亲爱的孩子

傅 雷

文学翻译家、文艺评论家,代表作《傅雷译文集》。金庸评论说,傅雷先生的家书,是一位中国君子教他的孩子如何做一个真正的中国君子。

谢雨洛 7岁 《古怪的脸》

傅 雷

（一）

聪，亲爱的孩子。收到九月二十二日晚发的第六信，很高兴。我们并没为你前信感到什么烦恼或是不安。我在第八信中还对你预告，这种精神消沉的情形，以后还是会有的。

我是过来人，决不至于大惊小怪。你也不必为此耽心，更不必硬压在肚里不告诉我们。心中的苦闷不在家信中发泄，又哪里去发泄呢？孩子不向父母诉苦向谁诉呢？我们不来安慰你，又该谁来安慰你呢？

人一辈子都在高潮—低潮中浮沉，唯有庸碌的人，生活才如死水一般；或者要有极高的修养，方能廓然无累，真正的解脱。只要高潮不过分使你紧张，低潮不过分使你颓废，就好了。太阳太强烈，会把五谷晒焦；雨水太猛，也会淹死庄稼。

我们只求心理相当平衡，不至于受伤而已。你也不是栽了筋斗爬不起来的人。

我预料国外这几年，对你整个的人也有很大的帮助。这次来信所说的痛苦，我都理会得；我很同情，我愿意尽量安慰你，鼓励你。克利斯朵夫不是经过多少回这种情形吗？他不是一切艺术家的缩影与结晶吗？慢慢地你会养成另外一种心情对付过去的事：就是能够想到而不再惊心动魄，能够从客观的立场分析前因后果，做将来的借鉴，以免重蹈覆辙。

一个人唯有敢于正视现实，正视错误，用理智分析，彻底感悟，才不至于被回忆侵蚀。我相信你逐渐会学会这一套，越来越坚强的。我以前在信中和你提过感情的 ruin（创伤，覆灭），就是要你把这些事当作心灵的灰烬看，看的时候当然不免感触万端，但不要刻骨铭心地伤害自己，而要像对着古战场一般的存着凭吊的心怀。倘若你认为这些话是对的，对你有些启发作用，那末将来在遇到因回忆而痛苦的时候（那一定免不了会再来的），拿出这封信来重读几遍。

（二）

亲爱的孩子：昨天整理你的信，又有些感想。

关于莫扎特的话，例如说他天真、可爱、清新等，似乎很多人懂得；但弹起来还是没有那天真、可爱、清新的味儿。这道理，我觉得是"理性认识"与"感情深入"的分别。感性认识固然是初步印象，是大概的认识；理性认识是深入一步，了解到本质。但是艺术的领会，还不能以此为限。必须再深入进去，把理性所认识的，用心灵去体会，才能使原作者的悲欢喜怒化为你自己的悲欢喜怒，使原作者每一根神经的震颤都在你的神经上引起反响。否则即使道理说了一大堆，仍然是隔了一层。一般艺术家的偏于intellectual（理智）、偏于cold（冷静），就因为他们停留在理性认识的阶段上。

比如你自己，过去你未尝不知道莫扎特的特色，但你对他并没发生真正的共鸣；感之不深，自然爱之不切了；爱之不切，弹出来当然也不够味儿；而越是不够味儿，越是引不起你兴趣。如此循环下去，你对一个作家当然无从深入。

这一回可不然，你的确和莫扎特起了共鸣，你的脉搏跟他的脉搏一致了，你的心跳和他的同一节奏了；你活在他的身上，他也活在你身上；你自己与他的共同点被你找出来了、抓住了，所以你才会这样欣赏他、理解他。

由此得到一个结论：艺术不但不能限于感性认识，还不能限于理性认识，必须要进行第三步的感情深入。换言之，艺术家最需要的，除了理智以外，还有一个"爱"字！所谓赤子之心，不但指纯洁无邪，指清新，而且还指爱！而且这个爱绝不是庸俗的、婆婆妈妈的感情，而是热烈的、真诚的、洁白的、高尚的、如火如荼的、忘我的爱。

从这个理论出发，许多人弹不好东西的原因都可以明白了。光有理性而没有感情，固然不能表达音乐；有了一般的感情而不是那种火热的同时又是高尚、精练的感情，还是要流于庸俗，所谓 sentimental（滥情，伤感），我觉得就是指的这种庸俗的感情。

真诚是第一把艺术的钥匙。知之为知之，不知为不知。真诚的"不懂"，比不真诚的"懂"，还叫人好受些。最可厌的莫如自以为是，自作解人。有了真诚，才会有虚心，有了虚心，才肯丢开自己去了解别人，也才能放下虚伪的自尊心去了解自己。建筑在了解自己了解别人上面的爱，才不是盲目的爱。

而真诚是需要长时期从小培养的。社会上，家庭里，太多的教训使我们不敢真诚，真诚是需要很大的勇气做后盾的。所以做艺术家先要学做人。艺术家一定要比别人更真诚、更敏感、更虚心、更勇敢、更坚忍，总而言之，要比任何人都 less imperfect（较少不完美之处）！

有件小事要和你谈谈。你写信封为什么老是这么不 neat（干净）？日常琐事要做得 neat（干净），等于弹琴要讲究干净是一样的。我始终认为做人的作风应当是一致的，否则就是不调和；而从事艺术的人应当最恨不调和。我这回附上一小方纸，还比你用的信封小一些，照样能写得很宽绰。你能不能注意一下呢？以此类推，一切小事养成这种neat（干净）的习惯，对你的艺术无形中也有好处。因为无论如何细小不足道的事，都反映出一个人的意识与性情。修改小习惯，就等于修改自己的意识与性情。所谓学习，不一定限于书本或是某种技术；否则"随时随地都该学习"这句话，又怎么讲呢？我想你每次接到我的信，连寄书谱的大包，总该有个印象，觉得我的字都写得整整齐齐、清楚明白吧！

（三）

亲爱的孩子：

很高兴知道你有了一个女友，也高兴你现在就告诉我们，让我们有机会多指导你。对恋爱的经验和文学艺术的研究，朋友中数十年悲欢离合的事迹和平时的观察思考，使我们在儿女的终身大事上能比别的父母更有参加意见的条件，你尽可信赖我们，随时把情形和你感情的进展、波动讲给我们听，帮助你过这一人生的大关。

首先态度和心情都尽可能的冷静，否则观察不会准确。初期交往容易感情冲动，单凭印象，只看见对方的优点，看不出缺点，便是与同性朋友相交也不免如此，对异性更是常有的事。感情激动时期不仅会耳不聪、目不明、看不清对方;自己也会无意识地只表现好的一方面,把缺点隐藏起来。保持冷静还有一个好处,就是不至于为了谈恋爱而荒废正业,或是影响功课,或是浪费时间,或是损害健康,或是遇到或大或小的波折时扰乱心情。

所谓冷静,不但表面的行动,尤其内心和思想都要做到这点,是很难。人总是人,感情上来,不容易控制,年轻人没恋爱经验更难保持身心的平衡。同时与各人的气质有关。我生平总不能临事沉着,极易激动,这是我的大缺点。幸而事后还能客观分析,周密思考,才不至于使当场的意气继续发展,闹得不可收拾。我告诉你这一点,让你知道如临时不能克制,过后必须由理智来控制大局:该纠正的就纠正,该向人道歉的就道歉,该收蓬时就收蓬。总而言之,以上二点归纳起来只是:感情必须由理智控制。要做到,必须下一番苦功在实际生活中长期锻炼。

我一生从来不曾有过"恋爱至上"的看法。"真理至上""道德至上""正义至上",这种种都应当作立身的原则。恋爱不论在如何狂热的高潮阶段也不能侵犯这些原则。朋友也好,爱人也好,一遇到重大关头,与真理、道德、正义等有关问题,决不能让步。

其次,人是最复杂的动物,观察决不可简单化,而要耐心、细致、深入,经过相当的时间、各种不同的事故和场合,处处

傅 雷

要把客观精神和大慈大悲的同情心结合起来。对方的优点，要认清是不是真实可靠的，是不是你自己想象出来的，或者是夸大的。对方的缺点，要分出是不是与本质有关。与本质有关的缺点，不能因为其他次要的优点多而加以忽视。次要的缺点也得辨别是否能改，是否发展下去会影响品性或日常生活。人人都有缺点，谈恋爱的男女双方都是如此。问题不在于找一个全无缺点的对象，而是要找一个双方缺点都能各自认识，各自承认，愿意逐渐改，同时能彼此容忍的伴侣（此点很重要。有些缺点双方都能容忍；有些则不能容忍，日子一久即造成裂痕）。最好双方尽量自然，不要做作，各人都拿出真面目来，优缺点一齐让对方看到。必须彼此看到了优点，也看到了缺点，觉得都可以相忍相让，不会影响大局的时候，才谈得上进一步的了解；否则只能做一个普通的朋友。可是要完全看出彼此的优缺点，需要相当时间，也需要各种大大小小的事故来考验；绝对急不来！更不能轻易下结论（不论是好的结论或坏的结论）！唯有极坦白，才能暴露自己；而暴露自己的缺点总是越早越好，越晚越糟！为了求恋爱成功而尽量隐藏自己的缺点的人其实是愚蠢的。当然，在恋爱中不知不觉表现出自己的光明面，不知不觉隐藏自己的缺点，不在此例。因为这是人的本能，而且也证明爱情能促使我们进步，往善与美的方向发展，正是爱情的伟大之处，也是古往今来的诗人歌颂爱情的主要原因……

事情主观上固盼望必成，客观方面仍须有万一不成的思想准备。为了避免失恋等痛苦，这一点"明智"我觉得一开头就应当充分掌握……

总之，一切不能急，越是事关重要，越要心平气和，态度安详，从长考虑，细细观察，力求客观！感情冲上高峰很容易，无奈任何事物的高峰（或高潮）都只能维持一个短时间，要久而弥笃地维持长久的友谊可很难了……

除了优缺点，俩人性格脾气是否相投也是重要因素。刚柔、软硬、缓急的差别要能相互适应调剂。还有许多表现在举动、态度、言笑、声音……之间说不出也数不清的小习惯，在男女之间也有很大作用，要弄清这些，就得冷眼旁观，慢慢咂摸……诗人常说爱情是盲目的，但不盲目的爱情毕竟更健全更可靠。人的雅俗和胸襟气量也是要非常注意的……你自幼看惯家里的作风，想必不会忍受量窄心浅的性格。

以上谈的全是笼笼统统的原则问题……

长相身材虽不是主要考虑点，但在一个爱美的人也不能过于忽视。

交友期间，尽量少送礼物、少花钱：一方面表明你的恋爱观念与物质关系极少牵连；另一方面也是考验对方。

给我的孩子们

丰子恺

散文家、漫画家，代表作《缘缘堂随笔》。他的散文风格恬淡率真、意味隽永，富有童真天然之趣。他的漫画或幽默风趣，或恬静淡雅，往往寥寥几笔，就勾画出一个充满诗意的意境，深受人们的喜爱。

魏子瑄 10 岁 《风车》

丰子恺

我的孩子们！我憧憬于你们的生活，每天不止一次！我想委曲地说出来，使你们自己晓得。可惜到你们懂得我的话的意思的时候，你们将不复是可以使我憧憬的人了。这是何等可悲哀的事啊！

瞻瞻！你尤其可佩服。你是身心全部公开的真人。你甚么事体（杭州话）都想拼命地用全副精力去对付。小小的失意，像花生米翻落地了，自己嚼了舌头了，小猫不肯吃糕了，你都要哭得嘴唇翻白，昏去一两分钟。外婆普陀去烧香买回来给你的泥人，你何等鞠躬尽瘁地抱他，喂他；有一天你自己失手把他打破了，你的号哭的悲哀，比大人们的破产、失恋、broken heart（心碎）、丧考妣、全军覆没的悲哀都要真切。两把芭蕉扇做的脚踏车，麻雀牌堆成的火车、汽车，你何等认真地看待，挺直了嗓子叫"汪——""咕咕咕……"来代替汽油。宝姐姐讲故事给你听，说到"月亮姐姐挂下一只篮来，宝姐姐坐在篮里吊了上去，瞻瞻在下面看"的时候，你何等激昂地同她争，说"瞻瞻要上去，宝姐姐在下面看！"甚至哭到漫姑面前去求审判。我每次剃了头，你真心地疑我变了和尚，好几时不要我抱。最是今年夏天，你坐在我膝上发现了我腋下的长毛，当作黄鼠狼的时候,你何等伤心,你立刻从我身上爬下去,起初眼瞪瞪地对我端详,继而大失所望地号哭,看看,哭哭,如同对被判定了死罪的亲友一样。你要我抱你到车站里去,多多益善地要买香蕉,满满地擒了两手回来,回到门口时你已经熟睡在我的肩上,手里的香蕉不知落在哪里去了。这是何等可佩服的真率、自然与热情!大人间的所谓"沉默""含蓄""深刻"的美德,比起你来,全是不自然的、病的、伪的!

你们每天做火车、做汽车、办酒、请菩萨、堆六面画、唱歌,全是自动的、创造创作的生活。大人们的呼号"归自然!""生活的艺术化!""劳动的艺术化!"在你们面前真是出丑得很了!依样画几笔画,写几篇文的人称为艺术家、创作家,对你们更要愧死!

你们的创作力,比大人真是强盛得多哩:瞻瞻!你的身体不及椅子的一半,却常常要搬动它,与它一同翻倒在地上;你又要把一杯茶横转来藏在抽斗里,要皮球停在壁上,要拉住火车的尾巴,要月亮出来,要天停止下雨。在这等小小的事件中,明明表示着你们的弱小的体力与智力不足以应付强盛的创作欲、表现欲的驱使,因而遭逢失败。然而你们是不受大自然的支配,不受人类社会的束缚的创造者,所以你的遭逢失败,例如火车尾巴拉不住,月亮呼不出来的时候,你们决不承认是

丰子恺

事实的不可能,总以为是爹爹妈妈不肯帮你们办到,同不许你们弄自鸣钟同例,所以愤愤地哭了,你们的世界何等广大!

你们一定想:终天无聊地伏在案上弄笔的爸爸,终天闷闷地坐在窗下弄引线的妈妈,是何等无气性的奇怪的动物!你们所视为奇怪动物的我与你们的母亲,有时确实难为了你们,摧残了你们,回想起来,真是不安心得很!

阿宝!有一晚你拿软软的新鞋子,和自己脚上脱下来的鞋子,给凳子的脚穿了,划袜立在地上,得意地叫"阿宝两只脚,凳子四只脚"的时候,你母亲喊着"龌龊了袜子!"立刻擒你到藤榻上,动手毁坏你的创作。当你蹲在榻上注视你母亲动手毁坏的时候,你的小心里一定感到"母亲这种人,何等杀风景而野蛮"吧!

瞻瞻!有一天开明书店送了几册新出版的毛边的《音乐入门》来。我用小刀把书页一张一张地裁开来,你侧着头,站在桌边默默地看。后来我从学校回来,你已经在我的书架上拿了一本连史纸印的中国装的《楚辞》,把它裁破了十几页,得意地对我说:"爸爸!瞻瞻也会裁了!"瞻瞻!这在你原是何等成功的欢喜,何等得意的作品!却被我一个惊骇的"哼"字喊得你哭了。那时候你也一定抱怨"爸爸何等不明"吧!

软软!你常常要弄我的长锋羊毫,我看见了总是无情地夺脱你。现在你一定轻视我,想道:"你终于要我画你的画集的封面!"

最不安心的,是有时我还要拉一个你们所最怕的陆露沙医生来,教他用他的大手来摸你们的肚子,甚至用刀来在你们臂上割几下,还要教妈妈和漫姑擒住了你们的手脚,捏住了你们的鼻子,把很苦的水灌到你们的嘴里去。这在你们一定认为是太无人道的野蛮举动吧!

孩子们!你们果真抱怨我,我倒欢喜;到你们的抱怨变为感激的时候,我的悲哀来了!

我在世间,永没有逢到像你们这样出肺肝相示的人。世间的人群结合,永没有像你们样的彻底地真实而纯洁。最是我到上海去干了无聊的所谓"事"回来,或者去同不相干的人们做了叫作"上课"的一种把戏回来,你们在门口或车站旁等我的时候,我心中何等惭愧又欢喜!惭愧我为什么去做这等无聊的事,欢喜我又得暂时放怀一切地加入你们的真生活的团体。

但是,你们的黄金时代有限,现实终于要暴露的。这是我经验过来的情形,也是大人们谁也经验过的情形。我眼看见儿时的伴侣中的英雄、好汉,一个个退缩、顺从、妥协、屈服起来,到像绵羊的地步。我自己也是如此。"后之视今,亦犹今之视昔",你们不久也要走这条路呢!

丰子恺

我的孩子们！憧憬于你们的生活的我，痴心要为你们永远挽留这黄金时代在这册子里。然这真不过像"蜘蛛网落花"，略微保留一点春的痕迹而已。且到你们懂得我这片心情的时候，你们早已不是这样的人，我的画在世间已无可印证了！这是何等可悲哀的事啊！

（注：此文原为《子恺画集》代序，作于1926年。）

孩子，妈妈不代表正确

王雪岩

心理咨询师、专栏作家，著有《每个人都有爱自己的能力》。在她心中，培养孩子的目的是培养他们有能力离开父母。她力图让女儿学会拒绝别人不合理的要求和期待，保护好自己的感受，其中也包括拒绝妈妈的不合理要求。

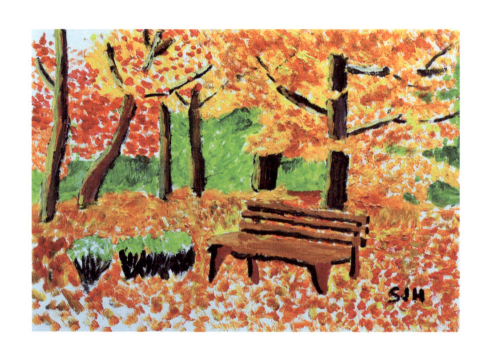

孙婧涵　8 岁　《秋天的公园》

王雪岩

孩子，随着你长大的脚步越来越快，我也在越来越多地感受到你的独立。面对青春期的你，我其实也是有压力的，青春期，也意味着你会渐行渐远，终有一天，你会像长大的小鸟，离开我，飞向属于你的那片天空。在你飞远之前，我相信你也会有各种各样的挣扎，以及在离开和留下来之间的斗争，所以，帮助你离开我，是当妈妈的责任。这对你对我来说，可能都有些残忍，但是这又是你我都必须面对的成长。还记得有一次我在讲课时谈到"我们培养孩子的目的是培养他们有能力离开我们"，话一讲完，有位家长就哭了。是的，帮助儿女离开自己，对母亲来讲是一个艰巨的任务，其实对我而言，也是如此。面对你的长大、你的离开，我会有失落也会有留恋，但我也知道，当你长大后，当你的翅膀足够有力的时候，我对你最大的祝福，就是让你自己去飞翔，让你自己独立去面对生命的风雨，而我，应该去寻找属于我的新生活，而不试图将你留在我身边，帮助我缓解渐渐老去的孤独和恐惧。是的，帮助你离开我，才能帮助你实现生命的独立，这是每一个人成长的意义。

独立，是一个艰难的过程。一个人的出生，宣告了他身体上的独立，从此他不再需要借助于一根脐带的连结来保证生命的延续，从此后他可以自己呼吸，可以自己进食，他可以作为一个独立的个体存在于这个世界上，但是，心理上的独立却要滞后很多。当这个孩子一点点长大，会走路了，他就可以离开妈妈的怀抱，去探索更广的世界，他与妈妈的距离可以远了一些；再后来，他上幼儿园了，上学了，工作了，他独立的脚步越来越快，离开妈妈的距离也越来越远。终有一天，他可能会结婚，会拥有他自己的家庭、自己的生活，此时，妈妈已经是另外一个家庭的成员。人生的重要事件一步步走下来，是容易完成的，不容易的是完成孩子与母亲心理上的脐带的剪断，心理上的各自有家。这个过程之所以不容易，是因为，对于妈妈来说，孩子曾经是她人生中最重要的任务，是她生命的延续，虽然疲累，但是在照顾孩子的过程中，妈妈的生活也有了意义，如果孩子不再需要妈妈，妈妈的人生可能也会因此失去寄托；对于孩子而言，独立，也意味着从此不再享受妈妈的照顾，同时也不再满足妈妈的照顾孩子的需要，这可能会让孩子慌乱或是内疚。所以，孩子的独立对母亲和孩子而言，都是会有些难度的，这个难度在于，有时候，在爱的名义下，妈妈会阻止孩子长大，孩子也在爱的渴求中，放弃长大的权利。在我的工作中，看到过太多孩子长大的艰难，所以我知道，我放手越多,你长大的路上会越轻松,所以,我愿意陪你一起,当然,也是你陪我一起,去完成这个过程,完成我们两个人的成长。

让自己长大,你要学会几件事,这几件事很重要,重要到会影响你一生的发展,影响你今后的生命状态。

尊重他人,但不必绝对顺从。在我们中国的文化中,孝道是非常核心的内容,但是孝文化也在发展的过程中被滥用和误读。孝道原本强调的是父母子女间爱的联结,但是很长一段时间以来,孝道被统治阶层用来强调顺从。在子女顺从父母这个背景下培养出来的孩子,长大后就会变得顺从权威。对于统治者来讲,这是加强其统治的方式,但是对于个体来讲,这会磨灭了个体的创造力。当一个人不能质疑前人传下来的文化,而只能全盘接受的时候,文化就会萎缩,因为任何的传递都会在传递中损失,如果没有新的内容补充进来,就只有萎缩这一个结果发生了。这是一件危险的事情,不管是对国家对社会还是对个体而言。

所以,在你成长的路上,要学会独立的思考,也要学会尊重自己的思考,而不是简单顺从于父母的意见。你现在正在青春期,你对世界的接触越来越广,你看世界的角度也会越来越丰富,所以,你可能对世界会有与我完全不同的想法,当你的想法与我不同时，不代表你是错的，也不代表我一定是对的，那可能只是因为我们的经历不同，我们看世界的视角不同，就像是我们同时看到一个苹果，你看到的那面是绿色的，而我看到的那面是红色的，你说它是绿色的，我说它是红色的，我们说的都对，因为我们站的角度不同。对的，这个世界是多元的，没有什么是绝对的唯一的正确答案。所以，你要学会尊重自己的想法，同时也要尊重别人的想法。当别人的想法与你不一样时，不代表你是错的，即便是大多数人的想法都与你不一样，你同样拥有属于自己独特想法的权利，当然，你也不必因为自己的想法与别人不同而试图去说服别人，因为他拥有不同的想法，同样是他的权利。但是你可以试着把你的想法告诉别人，讲出你的想法，别人才能了解你更多，你也会贡献更多的思考给别人，但你的权利仅止于此，你没有权利要求别人一定都具有跟你一样的想法，也没有权利要求别人都顺应你的想法。除非你的想法基于你的权力，比如你是某件事的领导，你就有权力要求别人服从于你，但这个权力是与责任对等的，当你行使这个权力的时候，也意味着你要承担因此而产生的结果。

在你与我的关系中，同样是这样的。你从一出生，就生活在我的照顾之下，当你很小的时候，顺从我对你而言是非常正常的一件事，因为那时候你还没有发展出独立的能力，但是，

王雪岩

现在，你长大了，当你进入青春期之后，独立的需要在你的内心会越来越强烈。也许这会使你变得很矛盾，也许当你的很多想法与我不一样时，你会感觉在背叛我。是的，有的时候你的想法也会让我惊奇，有时你反对我的想法时也会让我愣一下，但更多的时候，那会让我意识到，你在长大，我会为你发展出独立观察和思考世界的能力而高兴。你要知道，妈妈不总是对的，当你的想法与妈妈有冲突时，要记得听听妈妈的想法，但不是一定要遵从妈妈，对你的生命而言，你自己的思考、探索，甚至失败的经验都会是比顺从妈妈更宝贵的东西，因为属于你自己的人生，不应该是重复妈妈的。你不必为自己的长大而内疚，面对我内心因为你渐渐不再需要我而产生的失落，那是我自己需要处理和面对的事情，而你的任务只是让自己自由地成长。是的，你不必为我的情绪负责，让我开心不是你的义务，那是我自己要为自己负责的地方，这也是每一个妈妈终将要完成的功课，那就交给我去做吧，你只管张开翅膀试着去飞就好。

尊重自己，学会拒绝。在大家的眼里，你一直是个乖巧的孩子，但曾经，我也会为你的乖巧而担心，我担心的是你会因为自己那么乖巧而被喜欢，却因此忽略了自己的真实需要。很长时间以来，我真正期待的是，你可以是个淘气的孩子，所以，你小时候我也常常带着你去做淘气的事情。慢慢我发现了你的淘气特质，前些天当你讲到在幼儿园时因为设个小圈套把小朋友们锁在厕所里而被惩罚时，我发现自己笑得如此放肆，我知道那笑的背后有一部分是我童年被压抑掉的自由在那时得以释放，但更多的是，我突然明白，其实你是一个自由成长的小孩儿，我根本不用担心你的天性被压制了，而我的担心，其实只是来自我自己的成长经历。你看，妈妈虽然学了心理学，接受了很多年治疗，也得到了非常非常多的成长，可是，有时候我还是不能那么清晰地懂得你，而且可能这样的时候还很多，那是因为妈妈只是一个平凡得不能再平凡的人，所以会有各种各样的局限，也会时时犯各种各样的错误。

　　面对一个可能犯错的妈妈，你要学会的，一个是允许妈妈犯错，一个是拒绝妈妈的不合理要求。我想这对你并不容易，因为妈妈是那个为你提供生活保障的人，接受妈妈会犯错会让你害怕失去依靠和保障；拒绝妈妈就像一场冒险，也许你会害怕因此而被妈妈惩罚。嗯，这的确是有可能发生的，因为每一位妈妈其实也是带着各种各样的伤口长大的，有的时候那些伤口本身就会带领妈妈不经意间伤害了孩子，有时这些伤害还是在爱的名义下发生的，所以有时被拒绝的妈妈会有强烈的挫败感,这可能让她变得很愤怒,可能会觉得自己"好心没有得到好报",所以,她会因为被孩子拒绝而愤怒,而这个愤怒就会限制了孩子的成长。但是,我向你保证,我会努力让自己成为一个陪伴孩子成长的妈妈而不是限制的妈妈,也许我不会做到完美,但是我会努力做到去理解你,因为我爱你。爱孩子,就是帮助孩子生活得更好,而我已经懂得,帮助你生活得更好的方式就是允许你长大、独立,这样你才有能力创造你自己的生活。而你也要记得,妈妈是用来爱的,而不是用来满足的,爱妈妈的方式是让你自己生活得足够好,你生活得越好,妈妈的心会越安宁,妈妈也会因此感觉到生命的阳光。

你要学会拒绝的东西有很多,学会拒绝别人不合理的要求和期待,保护好自己的感受,你才能将事情做得更好,才能真正保护好你与别人的关系,因为只有当你不必为别人承担太多时,你才不会讨厌那个人。在陌生人中,这个拒绝是容易的,但是在重要的人身上,这个拒绝就会变得很困难:一是有时候该不该拒绝并不是那么容易分得清的;二是拒绝对你重要的人时,可能会让你害怕,害怕伤害那个重要的关系。这里面,有一个很简单的诀窍,就是你要学会尊重自己内心的感受,不要让自己违心地接受。比如当你的姥姥害怕你感冒让你多穿些时,你可以拒绝她,因为你比她更清楚自己的感受,所以,你要尊重的是自己的体验；当你感觉任务太重时，你可以拒绝老师给你安排的工作，因为硬接过来你可能也没有那么多精力很好地完成；当你觉得自己已经尽力学习时，你可以拒绝爸爸对你分数的遗憾，因为学习是你自己的事情，成绩关系的是你自己的人生，相信你自己有能力为自己的未来负责，这样学习才不会成为替爸爸做的事情；当妈妈责备你没有告诉我你一天做了什么时，你可以拒绝汇报，因为你已经是个大孩子，你有权安排自己的生活，而妈妈的担心是妈妈自己要处理的焦虑，你不必为妈妈承担太多责任……其实，我想告诉你的，并不只是这几件事情，我想告诉你的是，作为一个独立的人，你有权选择自己的生活，而当你的选择与别人的期待有冲突的时候，你要尊重的，是自己的内心。

当然，告诉你这些，我并不是教你自私自利，只考虑自己的感受而忽略其他人的感受。恰恰相反，我想告诉你的是，我们生活在一个关系社会中，我们永远无法逃开内心中被他人接受的期待，所以我们必须学会尊重别人，至少不能伤害他人，所以，你要学会的是，当你拒绝别人时，你要有能力告诉对方你自己的真实想法。但是，这会不会和有勇气拒绝别人相冲突呢？事实上，不会。因为只有当你能够尊重自己的内心选择，能够不伤害自己的感受时，你才不会感觉被对方入侵、被对方控制，你才不会想逃离对方，这样你才可能从内心里接纳对方，才可能与对方保持比较好的关系。而当你在无法拒绝中一步步退让的时候，你就会变得越来越愤怒，最终你们的关系就会真的被破坏掉了。

建立清晰的心理边界，学会尊重他人与自己。在我们中国的文化里，父母与孩子之间有非常紧密的联结，这造成人与人之间的心理边界常常是模糊的，所以很多时候，我们也常常被爱所伤。所谓心理边界，就是将自己感受为自己，他人感受为他人，并且愿意承担起属于自己的责任，也尊重他人与自己不同的能力。你可能会说，这当然很容易区分啦，但我想，你所感受到的容易，是物理上的区分，而痛苦，往往来自心理、情感层面的无法区分。一个孩子，从他出生那一刻起，就是一个独立的人，他将拥有完全独立的属于他自己的生活方式和生活空间，但对于中国的很多父母来讲，孩子从一出生就成为父母的私有财产，所以父母出于爱心，愿意为孩子操办一切，但这往往会剥夺原本应该属于孩子的成长空间。当父母不断催促孩子看书时，学习就不再是孩子的事情，而是为父母学习；当父母为孩子抵挡一切风雨时，成长就成了父母的责任，孩子不再愿为自己的长大负责；当因孩子犯了错父母大发雷霆时，改正错误成了父母的期待，孩子在承担了内疚之后，就不再为改善做更多的努力……

当你还小的时候，的确有一段时间，你与父母之间的边界是模糊的，因为这时候的模糊可以帮助妈妈更容易地理解你的需要，照顾你长大。但是现在，当你已经进入青春期的时候，这样的模糊只会成为你成长的阻力。所以，我已经花了十几年来做准备，准备接受你有一天向我宣告：我是大人了，你不许……你一定……我想当我真的听到你的独立宣言时，可能也并不那么轻松，但我知道这是我必须面对，同时也是值得欣喜的事情。尽管那意味着从此以后，我在你的面前再难是权威，但这恰恰是养育儿女的意义所在：当儿女有能力超越父母、质疑父母的时候，就意味着社会存在进步的动能。当儿女不得不服从于父母，不得不以父母的想法为标杆的时候，每一代人能从上一代人那里继承下来的东西会逐渐减少，社会文化的积累也就会逐渐萎缩，而这样的结果，只能是每一个人的生活品质都在下降。所以，当你开始向我宣战的时候，恰恰是你的独立性、你的自主意识、你的创造性都在全面发展的时候，我没有理由因为自己的恐惧、害怕失去对你的控制而阻止你的发展。你可以有你自己的想法、自己的感受、自己的情感空间、自己对世界的认知，我不会把自己的生命经验强加于你，所以，

王雪岩

你放手去探索你的世界就好了，不必为我的生命状态、情绪状态负责，不必哄我开心，不必让我满意，因为那是我自己的事情，是需要我自己去努力改善的，而你，只要负责自己的发展就好。

我希望的是，当你与我之间可以安全且自由地表达自己的时候，你可以在这样的状态下学会尊重自己，也尊重他人的空间，既保护自己的空间不被入侵，也不去入侵他人的空间；学会理解和尊重彼此的不同；学会为自己的情绪负责而又不过多地卷入他人的情感空间，试图干涉他人的生活。当你步入社会后，你也同样可以用这样的方式与你的领导、同事相处，当大家都可以尊重别人的心理界限时，这种有距离的关系，才能让彼此感受到真实的亲密，而不是彼此控制与伤害。

每个人都会犯错，包括妈妈和你。很长时间以来，我都是你的骄傲，这是让我非常自豪的事情，因为能够赢得青春期孩子的认可，对现在的父母来讲，并不是一件容易的事情。但是，孩子，不管在你眼里妈妈多么厉害，现实是，妈妈只是一个普通人。曾经我在你的眼里非常厉害，那是因为曾经你很弱小，当你感受到妈妈可以照顾你的时候，也许那对你来讲是一件神奇的事，但其实，妈妈并不真的具备神奇的能力。所以，当你渐渐长大，你就不得不学着接受一件事：妈妈只是普通人，而且，随着妈妈年纪的增长，某些能力会越来越弱，也许，这会让你感受到越来越多的失望，因为你会越来越多地看到真实的妈妈远不是你曾经以为的那么有能力，因为你不得不接受慢慢失去妈妈对你的全面照顾；而妈妈自己，也不得不接受自己的有限性，很多很多的事情，远不是我的能力所及的，比如面对你未来的生活，我无力为你安排好一切，面对我自己的逐渐老去，我也无力阻挡。慢慢地，我们的关系会发生一些逆转，你渐渐变得有能力起来，而我，会慢慢变得越来越失去能力。这可能会引起我们两个人的恐慌，我害怕失去我生命的活力，你害怕失去我曾带给你的安全和依恋。但这就是生命的过程，每个人的每一天都会面临着新的经历、新的体验，而我们的母女情缘就是在这样每一天的不同中发芽、成长、成熟，而我自己，其实也是一点点跟随着你的脚步在成长。是的，其实你的长大也带来了我的长大，跟你在一起的每一天其实都是帮助我积累新的经验的过程，你的每一个变化对我来说都是全新的，我也必须要试着找到新的、更恰当的方式与你相处，所以，我也常常会犯错。

我不知道对于妈妈曾经犯过的那些错你是如何体验的，很多时候当我回过头去回忆我们曾经的经历时，会后悔自己做得实在是糟糕。我记得有一次跟你说到我没有早一点意识到你生病时，你很自然地说"你又不知道"，你那句无意中的回话，对我来说却是有非常重要的治疗意义，内疚曾是压在我心头的重石，但那一刻，我突然明白，追悔没有任何意义，唯有珍惜当下，才是真正的对生命负责。所以，那一刻，我决定，接受我曾犯下的错，接受自己不过是个普通人，当我可以接受自己的时候，我的生活也变得轻松起来。跟你讲这些，我是想告诉你一段自己的心路历程：我们每个人都是普通的，都没有上帝一般的掌控能力，可以把所有的事情做到完美，既然如此，就接受我们自己的弱小和不完美吧，当我们能够允许自己犯错，能够接受自己的弱处越多，我们自己就会活得越真实，而且我们也会变得更有力量，因为我们不必再花太多的精力去掩盖我们的弱小，去抵御我们的恐惧了。

表达情绪是你的权利，放弃虚假的和平。在我的工作中，常常会看到对愤怒、无助、恐惧、爱与依恋等情绪的害怕，因为害怕它们跑出来，所以就会用各种各样的方式阻止它们出现在生活中。当我问他们为什么不允许这些情绪跑出来的时候，有的人会说，从小父母就不允许，比如生病时父母就会变得暴怒，所以他就不敢再让自己柔弱；有人会说，害怕自己生气就会惹恼别人，因为他小时候真的是被这样对待的，所以他就假装对什么都不生气；有人会说，他从来不敢让自己感觉某个人是重要的，因为他害怕一旦那个人对自己重要起来，失去他时会承受太大的痛苦，而他的这个害怕，恰恰是来自他曾经失去。那些这样那样的不敢背后，其实是有各种这样或那样的创伤，他们为这些不敢所付出的代价，可能是各种疾病，或是各种生活中的糟糕。现代医学发现，很多种疾病都是有心理原因的，当一个人的情绪出口被堵塞后，这些情绪就会留在这个人的身体里，伤害这个人。

所以，孩子，当你的人生渐渐展开的时候，你会慢慢增加许多许多的经历，你会遇到很多的人和事，在这个过程中，你也会经历到各种各样的情绪体验，你要记得，所有发生在你内心的那些情感，都是值得被尊重的，每一种情绪背后，也都在表达着各种各样的诉求，你要试着学习将他们用语言表达出来，不管是爱的情感还是伤害性的情感，这些情感其实是在帮助你更多地理解自己，帮助你与周围人发展更好的关系。

有的人害怕表达爱的情感，因为害怕表达之后会被拒绝；也有的人害怕表达愤怒，因为害怕表达之后会损害跟对方的关系。其实，很多时候，这些害怕只是来自我们的想象，想象当我们说出来后会发生我们不想看到的结果。但其实，当我们真实地向对方表达我们内心的感受时，只是表达，而不是责备对方时，对方可以感受到我们的真实情感，可以感受到我们对他的信任与尊重，所以，这不仅不会破坏关系，反而可能会因为理解而促进关系的发展。反倒是当我们不敢说出来的时候，那个折磨我们的情绪就一直停留在了想象的危险中，这种想象可能带领我们一步步破坏关系。因为当我们并没有讲出自己的真实想法的时候，对方也并不了解我们内心在发生什么，也就不会做出调整和改变，他的继续可能会带给我们更多的伤害感，关系也就这样一点点被腐蚀掉 。所以，当我们不能真实表达自己的情绪时，我们所努力维持的那个和平，其实是一个和平的假象，真实的愤怒就在假象下翻滚，当这些愤怒再也掩盖不住时，就会成为强大的破坏力。

有了孩子,不等于没了自己

庄祖宜

厨师、饮食作家,著有《厨房里的人类学家》《简单·丰盛·美好》,育有两子述海、述亚。面对夹在自我和孩子需求之间的内心交战,她忆起了自己父母给她做了追求理想的人生榜样。她想,把自己做好,活出充实无憾的人生,或许是我们可以送给孩子最好的礼物。

石静雅 8岁 《香蕉动植物乐园》

庄祖宜

在这个一切为孩子好,孩子比什么都重要的大环境价值体系里,我们最容易忽略也最快妥协的常是对自我的坚持。

前阵子或许因为我和姐姐不约而同地出书,走到哪儿常有人问:"你爸妈是怎么教的?"这倒不是说我们特别有出息,毕竟只是喜欢做菜、画画、弹弹唱唱和写文章自娱娱人,但回头想想,这几样让咱姐妹俩乐此不疲,欲罢不能的嗜好都不是爸妈教出来的,甚至凭良心说,爸妈从未刻意栽培我们做过任何一件事。

当年别说陪着写作业、上才艺班什么的了,爸妈连我学校联络簿都没签过几回,几乎完全是放牛吃草的状态。

回想小学时期,我爸爸刚辞掉公务员的职位自己创业,工作压力繁重;妈妈从意大利学成归国,白天在大学教声乐,晚上还要排练歌剧,演出不断。一开始家里还请了工读生来伴读,后来姐姐上了中学必须留校晚自习,落单的我不到十岁就学会一个人进快餐店吃晚饭,而周三只上半天课的漫长下午就在家附近的书局里坐着看小说。

母亲当时已是音乐界的名人,我却等到四年级才开始学钢琴，两年后不了了之。当我身边所有的同学都提早加入儿童英语班的同时，我爸妈不为所动，硬是让我等到初中一年级才跟着教育部的课程开始学26个字母。

别说以现在的标准看来不可思议，即使在三十年前的台北，尤其是经济无虞的中产之家，我父母的放任式教育也算是异数。我后来问他们为什么不逼得紧一点呢？他们说一来真是忙昏了头，二来有信心自己的孩子不可能坏到哪儿去。爸妈跟所有亲友说："我们女儿很独立，知道自己要做什么。"

说也奇怪，那股莫名的信心和期待似乎就成了我的家教和行为准则。我知道自己考试成绩如果不理想，爸妈不会责骂，但或许会因此认定我不是读书的料。演讲或作文比赛如果得了名，爸妈不会大肆奖励，只会鼓励我发挥自己的长才。

他们真心相信孩子想要的父母挡不住，不想要的逼不来，而我到底想要什么，能不能做好，那是自己的责任。

长大后才明白，这样的教育理念源自我父母本身非常强烈的自我意识。妈妈从小有清亮的歌喉，想学音乐却不被外公允许，非得奉父命报考女师专，却终于在结婚生子后以教师资格保送入师大音乐系，毕业后又放下年纪还小的我和姐姐去意大利深造，闯出亮眼的事业成绩。

曾有人问她是否后悔在孩子幼小时没能陪着成长，妈妈说心底歉疚是有的，但并不后悔，因为音乐和歌唱是她的理想，不能不追寻。难得的是我白手起家的父亲也深切体会妻子自我实现的重要性，在那个年代就全力支持妈妈，从来不曾用孩子的名义要求她妥协。

回想起来，成长过程中爸妈给我的时间不多，却做足了身教和榜样。我从小看妈妈弹琴练唱，日复一日严谨自律，对每一个细节的诠释掌控都不轻忽，乐在其中，容光焕发。爸爸的自我要求也甚高，无论针对他造桥铺路的土木专业，还是摄影、绘图、影像剪辑等嗜好，他都发挥极度的研究精神，实事求是，巨细靡遗。

或许因为如此，我从小到大一直有一种焦虑感，不是怕考不上好高中、好大学，找不到令人艳羡的工作，而是担心寻不着自己的理想志业，不能像爸妈那样尽情地自我发挥。

现在我自己做了两个孩子的妈，另一种焦虑感油然而生，那是夹在自我和孩子需求之间的内心交战。我常自问是否有足够的正当理由把两个小毛头丢在一旁堆积木，甚至让他们看电视、玩iPad，以争取时间用来读书、写作、拍片、讲学，还是应该放下自己微不足道的事业，全心陪他们唱游、画画，接送他们培训体操和陶艺呢？

每次看到身边那许多对孩子付出无限爱心和时间的父母们，我都不免一阵心虚。人家的孩子不到四岁就会认字和算数，而我儿子边唱卡通歌，边扭屁股就被妈妈夸上天，是不是落差太大了？许多过来人告诉我，孩子的童年稍纵即逝，若不好好把握亲子时光，寓教于乐，就怕将来后悔也来不及啊！

针对这点我妈妈力排众议，她会在孩子耍赖要我放下工作陪他们玩的时候大义凛然地说："你妈妈是我女儿，你们不可以欺负她！赶快走开让她安静做事。"几次下来我终于领悟到，妈妈不只专注于自己的音乐事业，更是真心看重每一个人的自我空间和理想实践。

在她看来，孩子们打打闹闹蹉跎一些光阴是正常的，他们还有一辈子的时间可以摸索学习，反倒是身为父母的若一味付出罔顾自我，那才是糟蹋人生，可惜了。

试想，如果当年妈妈因为怀了我而不去念大学，或是放弃之后出国留学的机会，做一辈子有志难伸的基层教师与尽职母亲，或许她会把一切未完成的心愿加诸我和姐姐身上，为此逼我们练琴、用功念书考一流大学、出人头地。如果真是那样，我不太可能选择攻读冷门的人类学，更不可能在30岁出头放弃博士学业，转做厨师，进而发展出现在这样让我乐此不疲的

庄祖宜

小事业。

再说，如果乖乖听命于父母，赢在起跑点换来的人生又是什么呢？是再一次对下一代无私的奉献，让他们完成我未了的心愿吗？

我感谢父母给我自主空间，更庆幸他们为我做了追求理想的人生榜样。在这个一切为孩子好，孩子比什么都重要的大环境价值体系里，我们最容易忽略也最快妥协的常是对自我的坚持。

面对两个宝贝儿子，我会尽全力给他们安全和温暖，但同时，我想，把自己做好，活出充实无憾的人生，或许是我们可以送给孩子最好的礼物。

你的自信是你的,不是我让给你的

Yoli

水彩画家、写作者、半画工作室创始人,著有《生活不易,敬之以美》等,两个孩子的妈妈。作为会画画的妈妈,她接受儿子不一定会画画。孩子会有他自己的人生,他可以画画,也可以不画画。当然,她希望孩子能够有一个爱好,并为此倾注一生。

逄森博 8岁 《滑板》

Yoli

  星宝最近靠自己赚了人生第一笔零花钱——15元,他画出的第一本漫画卖给了我。

  在买他的这本漫画之前,我提出了两个要求:1.不是你画完了我就会买,不是我是你妈我就会买,虽然我会支持你。2.草稿我不要,我要买作品,画面我没要求,但是态度得郑重,不能太随意。

  这本漫画叫《父与子的岛上生活》,画的是父亲和儿子在小岛上发生的各种趣事。对我这个没什么喜剧细胞的妈完全是各种无厘头,但其中充满了屎尿屁味道的各种大开脑洞还是让我欣喜地买了单。更重要的是,我是为他每天回家扔下书包就埋头"创作"的热情买了单。

  距离他上一次这么热情地投入画画这件事,已有两年时间了。

  星宝四岁时做过一次小小的个人画展。在那一次画展之前我写了一篇文章《请不要对我的孩子说你好会画画啊》,不希望因为这个画展,使得画画成为架在他身上的一个包袱。

  果然,星宝在五岁以后渐渐不怎么画画了。

有些喜欢看星宝的画的人会问我:"星宝最近画了什么画啊?"我会简洁地回答:"星宝最近都没有画画。"

有时也会被再问一句:"他怎么现在不画画了呢?"

星宝为什么不画画了,对我不是个问题,所以我没有追索星宝为什么不画画了,我无法就此讲更多。我知道,这么问是觉得曾经办过画展的孩子,再不画画了,很可惜啊;甚至是觉得我身为一个画画的母亲,怎么能眼睁睁看着孩子浪费掉呢。

我只得如实回答:"我觉得星宝可以不画画啊。"

我是个会画画的妈妈,但我的儿子不一定会画画。他会有他自己的人生,他可以画画,也可以不画画。我接受星宝画画的那一天,就同时接受星宝会有不画画的那一天。当然,我希望他能够有一个爱好,并为此倾注一生。

如何养成一个爱好?这得了解学习的规律,知道一个爱好的养成会经历哪些阶段,就如同了解成长的规律。知道孩子到了学龄会掉牙换牙,就会在这一天到来时,不会慌张焦虑:为什么掉牙了呢?长了那么多年的牙,投入了那么多营养,就这么掉了,太可惜了!孩子们都掉牙,该怎么纠正呢?

我们不会在孩子掉牙时慌张,反而会淡定地跟孩子说"没关系,不管它"。牙齿会掉,虽然我们不知道为什么,但是我们知道:孩子大了,换乳牙了,这是成长必经之路。

我知道星宝不画画了,肯定有原因,作为母亲,知道不知道那背后的原因是什么,我觉得不重要,重要的是我是否接受他可以不按我的想法成长,我是否接纳他可以按他自己的节奏成长,我是否接受成长是一个漫长的过程,并且其中充满变数。

幼儿时期的爱好,与青少年时期的爱好,与成年时期的爱好,这背后的需求肯定是不同的。我想,一定是过去画画的状态已经不足以满足他。我的孩子长大了,他有了更多的需求。

在星宝五岁的时候,我知道了他为什么不画画的原因。

那天我在画画,我的朋友在一旁与星宝聊天,聊到画画这件事,星宝说:"我没有妈妈画得好。"

我已经对此有所感觉,自从星宝在幼儿园的绘画课里学会了画大公鸡,我就发现他画得越来越少了。我知道他被一个评价体系影响了,他知道了什么是"画得像"。所以,他慢慢发现我画得很"好",而他画得没有我"好"。

我没有"纠正"他,也没有去"纠正"在他心中那个产生影响的体系。我也受过这个评价体系的影响,它不完全是坏的。成长必经许多弯折,车轮要前进,会经过许多左右的摇摆,才会找到平衡。

"妈妈,你画得好好啊。"有一天我在画画时,星宝在我旁边轻叹着说。

"你画得也很好啊。"我有心听着，随口说着。

"真的吗？我觉得我画得没有你好。"

"嗯……只能说我会画的我比你画得好，但是你会画的你也比我画得好啊。"

"我是你的儿子嘛，所以我怎样你都会觉得我很棒。"星宝这么说着，我笑了。事实是如此啊，我摸了摸星宝的头。

孩子，你不一定要很会画画，但希望会画画的妈妈不会成为你的包袱。我在心里默默说。

而且，我的孩子，我希望通过这个时间让你懂得，画不画画、画得好不好都没关系。我希望你可以看到，对于一件事可以有不同的见解，不同的评价，我们可以看见不同的体系，建立不同的秩序，看到这些，会让你感到一些混沌。但经历混沌是必须的，在混沌里会产生新的秩序，属于你的秩序。你要因你的意愿去做一件事，因为你要成为它的主人。

星宝慢慢拿起笔，看我画花，也在一旁悄悄学模学样地画。当然画得不足够有底气。好多育儿指导上说，带孩子画画不要画得比孩子好，会降低孩子的自信。可是，星宝，妈妈不想迁就你而故意让分。你在我的一旁轻声说道："妈妈，你画的花好漂亮啊，我画的就没有你好看。"

"每个人画自己喜欢的才会画得好啊。因为我喜欢花,所以我可以把它们画好看啊。"我对着你说道,"就像你喜欢飞机,所以你画的飞机就比我画的好。"

"我的飞机画得好,你的花画得好。每个人的厉害是不一样的。"

"是啊。"我看着你。我的星宝开始有信心了,这个自信是你自己找到的,不是我让给你的。

直到星宝最近画了一本漫画。

"妈妈,其实没有人一开始做一件事情就做得好的。"

"嗯。"

"比如你画画,也是画了十几年才画得这么好,也不是一开始就画得这么好的。所以任何一件事都起码要做十几年才会做得好。"

"嗯,是哦。"

"所以我现在画成这样已经不错了,而且你肯定不会画恐龙吧。"

"是啊,所以你比我厉害啊。我只会画花,而你会画汽车、火车、飞机,还有恐龙。"

"那你想学我这种画吗?"

"不啊,我只想画我想画的,每个人画自己想画的,就很厉害了。"

"所以你也不会画《父与子的岛上生活》,但是我就很会画这个,我打算画第二本,叫《父与子的森林生活》。不过第二本我就要涨价了,因为我会画得更好了。"

我的孩子,你通过这本漫画赚取了你人生中第一笔收入。这很值得纪念,但更棒的纪念是,你有了属于你自己的方向。虽然这个方向只是一个暂时的点,但从它开始,你信任你自己的感受,并确定自己的力量。

这两年,没有画画,一点也没有白费。

爱好并不是结果,爱好是一条路,我们通过把自己的热情安放在一件事上来逐步建立自己内心的秩序,并经过这个秩序掌握内在驱动和外部价值的平衡。亲爱的孩子,通过一项热爱去确定你自己是谁,这才是你一生的课题,而不仅仅是成为一个会做什么的人。

姐姐和妹妹的故事

宁 远

写作者、生活美学家、远远的阳光房创始人、三个孩子的妈妈，著有《把时间浪费在美好的事物上》等。她总是劝慰身边既要工作又要照顾孩子的妈妈，"做一个过得去的妈妈就好"。她相信，妈妈有属于自己的时间，在静默和沉思中获得滋养，才能给孩子、给世界以从容的微笑。

路博涵 7岁 《龙卷风》

宁 远

晚饭的时候有蚊子飞来咬妹妹,姐姐帮忙赶蚊子,妹妹一边跟着姐姐比画一边说:"走开蚊子,回家咬你的妹妹!"

妹妹特别爱吃棒棒糖,要吃的时候不给就哭,有一天我在姐姐面前抱怨:"妹妹真是的,吃糖多了很不好嘛。"五岁的姐姐安慰我:"哎呀,他们小孩子就是这样的。"

妹妹在我肚子里的时候,医生嘱咐不能拿重物,于是我不再抱姐姐。那时姐姐才两岁,我跟她讲妈妈肚子里有妹妹,抱不动她了。姐姐就等我每天坐着的时候扑过来,在怀里靠一会儿,嘴里说着:"妈妈抱宝宝。"

有一天牵着她走在大街上,突然停下来要抱,我说:"对不起啊,妈妈抱不了你。"她说:"妈妈你蹲下来。"我蹲下来,就在原地,她扑在我怀里闭上眼睛,足足两分钟,身边是滚滚人流……两分钟后她站起来说:"好啦,抱好啦,走吧。"

妹妹满月那天早晨我走进姐姐房间跟她说:"姐姐快起床,妈妈想抱你。"抱着姐姐转了个圈,抱着姐姐进妹妹房间,抱着姐姐去厨房……姐姐就一直靠在妈妈怀里咯咯地笑不停,足足两分钟。

妹妹几个月的时候姐姐说过一句伤感情的话:"妈妈,妹妹太爱哭了,要不你把她放回肚子里,另外生一个吧。"

妹妹一岁多的时候特别喜欢跟在姐姐屁股后面跑,姐姐做什么妹妹就做什么,姐姐笑妹妹也笑,姐姐摔一跤妹妹也会在她摔跤的地方假摔一次。有一天妹妹几小时不在家,我问姐姐:"你想妹妹吗?"姐姐想了想说:"不想,虽然她很可爱,但是她很烦。"

有一天我在书房看书,姐妹俩在一旁玩,我听到姐姐问妹妹:"姐姐乖不乖?"妹妹那个时候还不会说话,她只是茫然望姐姐。姐姐补充:"乖就点点头噻!"妹妹就使劲儿点啊点,不停地点。

妹妹生病了不愿意吃药,全家人想各种办法无济于事,我假装很生气找来戒尺,看见戒尺举起来,妹妹马上说:"我要姐姐喂我,我才吃。"姐姐是她要下去的那一截台阶。

春节全家出门旅行,酒店早餐的时候,我抱着妹妹拿一盘菜不小心撞到一男的,忙说对不起,对方扭过头吼:"什么玩意儿啊!"我短路了两秒才回嘴:"都说了对不起啊。"一边说一边眼泪就快冒出来了。旁边姐姐把头抬起来对着男的大吼:"就是,怎么那么没礼貌!"男的红着脸嘴里叽叽咕咕走远了,她还在原地跺脚"哼,哼!"

宁远

大清早的姐妹俩都醒了,爬到我身上一番折腾,之后妹妹下床了,姐姐滚一边玩,我长叹一口气,姐姐回头问我:"妈妈,你是不是想说当妈妈还真不容易啊?"

妹妹也上幼儿园了。姐姐在大班,妹妹小小班,刚去幼儿园那几天,妹妹总爱哭,一哭就要找姐姐,老师就叫来姐姐陪着她。有时候妹妹也会去姐姐班里找姐姐,姐姐回家就说:"哎呀,真是的,妹妹总是去找我,太影响我学习了嘛。"脸上一副无可奈何又得意的表情。

姐妹俩在家里常常吵闹打架,妹妹总喜欢扯头发,姐姐的头发很长的时候经常被妹妹扯得惊叫,后来把姐姐的头发剪了,邻居阿姨问姐姐:"头发怎么剪了啊?"姐姐两手一摊小嘴一撇:"因为妹妹呗,她老扯我头发。"妹妹就在旁边傻笑。

在家要打架,但一出门就一致对外,有一次听见姐姐在院子里大声说:"这是我的妹妹,我的!"随着声音望过去,一堆小朋友里,姐姐双手伸直护住紧紧拽着她的妹妹,像个小英雄。妹妹从后面探出脸上还有泥巴的脑袋,小眼往上翻,嘴里说:"哼,哼!"

睡前妹妹给我科普,问:"妈妈,你知道地震吗?"还没来得及回答她又补一句,"你懂不懂?"我说:"你说来听听嘛,什么是地震?"她说:"地震是非常非常可怕的哦,你懂不懂？你懂不懂？"我只好说不太懂。她又说："地震的时候房子就会垮，很可怕。"我问："那为什么会地震呢？"她说："因为房子里面东西没放好，放太多了，就地震了，你懂不懂？"

临睡前姐姐问我人死了以后会不会做梦，我说我没死过不知道……妹妹赶紧抢答："我知道！我死过好多次……"

妹妹问："妈妈，警察就是抓人的吧？我们以后看见警察就躲起来。"（不是啊，警察只抓坏人，不抓好人）"那什么是坏人呀？放屁的就是坏人吧？"

妹妹说："妈妈我以后会长得很高很高，高到飞机那里去，然后把飞机戳烂。"（啊，你为什么要把飞机戳烂？）"因为戳烂了有洞洞了就会有风吹进来就不会那么热了嘛。"

"妈妈，我还见过猫屁呢，就是猫放屁，你和姐姐都没见过吧？哼哼！"

姐姐问："妈妈，你是哪个星座的？""双鱼座。""双鱼座的特点是什么？""唔，好像比较浪漫，你知道什么叫浪漫吗？""我当然知道，就是美。"

跟小朋友分开的时候，妹妹语重心长地说："你们要好好叫古几几啊。"说了三遍大家才听懂，是"照顾自己啊"。

最近几天妹妹早上都要给我说一句话："妈妈，我们今天玩开心喔，开心在哪里我们就在哪里喔。"她做错事我生气的

宁 远

时候，她会说："我是娃娃嘛。"我觉得她说得好有道理。我们都是娃娃嘛，都要玩开心喔。

姐姐说："快下楼呀，再不走老虎来了哦！"妹妹回答："我不怕老虎，我就是老虎，嗷——嗷——"

姐姐说："妈妈，太阳照在我身上了，它是觉得我很漂亮才会照我。""哈哈哈，那太阳被乌云遮住的时候就是它觉得你不漂亮了吗？""不是，是乌云觉得我漂亮。"

叶子妈妈曾经问过叶子为什么要来做妈妈的女儿，叶子的回答大概意思是她知道妈妈想要一个女儿就来了，她本来住在天上的云朵里。受此启发，临睡前，我同样的问题问小练，结果她说："因为我在你肚子里嘛。"又问："你是怎么想到要跑我肚子里面去的？"她说："因为你肚子里有肉嘛！"我换了个话题问她长大后要做什么？她说要当芭蕾舞演员。旁边的妹妹听见了插嘴："长大了我要按电梯！"（她目前的个子还够不着电梯按键。）

气气又逃学不去幼儿园，她说因为生病了。问哪里痛，她从肚子开始一路指到头发："介里，介里，介里还有介里。"

我说："气气你这个臭狗屁。"她回："妈妈你这个臭丫头！"

气宝宝拿个玩具飞机的翅膀戳了我一下，我说"哎呀好痛哦",她说:"没关系,飞机不是故意的。"

给感冒中的妹妹推背,推了五分钟左右她都一言不发,突然冒一句:"搓,搓,搓,皮都要搓烂了。"

哄妹妹睡觉把自己哄着了,迷迷糊糊中感觉小东西在摸我的头:"乖乖,睡吧,妈妈给你讲故事……"

带着妹妹去明月村,路上她问:"妈妈,怎么你今天又要去做宁远啊,昨天你已经在舞台上做宁远了(服装发布会),怎么又要去明月村做宁远啊?"

妹妹说:"妈妈,你知道海盗是什么吗?海盗就是船上的鬼!"

午饭的时候姐姐说阿姨做饭应该向妈妈学习,就像搭配衣服一样搭配饭菜。妹妹接过话,同时手在我头上拍一下:"不错喔,小明星。"

姐姐说:"妈妈,君子动口不动手,那我就咬你一口。"

晚上玩闹时姐姐不小心把妹妹的脸抓一下,妹妹趁势大哭。我说"妹妹你勇敢些啊",姐姐接过话头:"就是嘛,哪有不跌倒和受伤的成长。"

姐姐妹妹各有一件艾莎裙,今天妹妹穿了姐姐不愿意穿,我问姐姐:"你为什么不喜欢艾莎裙啦?"一旁的妹妹抢答:"我知道为什么,幼稚!"

宁 远

妹妹对外婆说:"外婆,我好有文化哦,我全身都是文化。"

妹妹问妈妈:"妈妈,我们要是吃了鱼刺进肚子里会痛,那么刺在鱼身体里,鱼怎么不痛呢?"

姐妹俩最近爱上一个新玩法,大人专心做事的时候,她们会突然一起大吼:嗨!被吓一跳转过去看她们,她们又高呼:呀呼嘿!——意思是在唱歌:嗨,呀呼嘿!

带上气气参加姐姐班上的自助餐会,Lisa 妈妈带着 Lisa 不满一岁的弟弟也来了,Lisa 妈妈把弟弟放在座位上对一旁的气气说:"气气,你帮我照顾弟弟,我去拿吃的哈。"气气抬头:"我可能要打他哟。"很诚恳的语气,意思是打人这件事吧,不太受主观控制。

气气有个录音玩具,刚才录音玩具被她打开了,说:"嗨,小朋友,你有什么要说的吗?你说什么我也说什么哟。"然后就听见气气回答:"你是个瓜娃子。"

晚上舅舅问姐姐:"你想不想快点长大,长成你妈妈那样?"姐姐看了我一眼说:"不想。"舅舅问为啥,姐姐回答:"那样我的生命就很短了啊。"

三岁的妹妹能说些英文单词了,妈妈当然不会放过这个机会,跟她在房间连比带画咿里哇啦的时候,正好于阿姨推门进来,小家伙灵机一动转守为攻:"妈妈, 阿姨怎么说？""Aunt。""哦,那于阿姨怎么说?""Aunt Yu。""错啦妈妈!是 Aunt fish!"

院子里有人结婚,妹妹尾随了一路回来告诉我:"我看见新白娘子了,好漂亮。"我说:"是新娘子,不是新白娘子。"她说:"就是新白娘子啊,很白啊,好白啊!"

气气前两天问我,为什么爱就是人奶,牛奶就不是爱吗?我不明白咋回事。后来姐姐告诉我,是《让爱住我家》那首歌里唱的,"爱就是忍耐"。

气气在餐厅吃饭,误把大厅里的水池当地面,一脚踩空摔了下去,裙子和内裤全打湿,上岸来说的第一句话是:"可是我没有带游泳衣啊。"

妹妹问姐姐:"你们班的××是新来的吧?""才不是,他已经是旧人了,都来了好久了。"

傍晚逛公园,草丛里有响动,我一把拉过妹妹:"小心,有老鼠!"姐姐白我一眼:"你想得丑!"

气气早晨醒来第一句话是:"妈妈,谁放那么多眼屎进我眼睛里?是不是姐姐干的?"

有位阿姨指着气气问我,"这是你家老二啊?"我说是。气气在一边嘟起嘴巴:"我才不是老二,我又不老。"

听见姐姐对妹妹说:"你把我的磁力片(一种玩具)弄

宁 远

坏了,我不生气哈,没关系的。但是你不能对别人的玩具也这样哦,别人会生气的,知道吗?而且我告诉你,我虽然不生气,但也不是很开心,知道吗?"

几个小朋友聚在一起玩儿,姐姐高声说:"天下不公,我要让天下公平!"我心头一紧耳朵竖起,只见妹妹眨巴眼睛问:"什么叫天下不公呀?"姐姐:"美国人、日本人都说英语,中国人说汉语,天下不公啊。"旁边姐姐的同学嘟囔道:"才不是呢,日本人说韩语!"妹妹就继续眨巴眼睛,同时双手托腮,若有所思,满脸的崇拜。

某天早上我问妹妹:" 妈妈再给你生个妹妹好不好?""不好,生个妹妹来当姐姐还差不多,当姐姐的姐姐。"嗯,看来妹妹对身为妹妹很满意,对姐姐也很满意,同时还有点心疼姐姐。

姐姐有点儿倒霉,门牙即将脱落但还藕断丝连,疼,不敢拔;一个人在书房玩儿摔了一跤, 手里的剪刀刮到手,一大块皮切起来,出了好多血……还好她迅速把那一大块皮按回原处,血一会儿凝结了,皮好像又和肉连在一起了。临睡前说:"妈妈,我今天运气怎么那么不好啊?"我说:"好着呢,你聪明又勇敢,伤口好了又会长大一岁。"她问:"我快六岁了对吧?"我说:"是啊,我和你都认识六年了。"她说:"我们才认识五年多哦，我还没过六岁生日。"我说："你在妈妈肚子里妈妈就认识你了。"她说："那不算，那时候我又不认识妈妈。""好吧，"我说，"认识你很高兴。"她说："我也很高兴。"

休假半月恢复上课上班。早晨送姐妹俩上学，妹妹各种磨蹭。姐姐大喊："要迟到了……"妹妹马上又嫌弃公主鞋没穿对，我便给她换了运动鞋、运动袜带她们呼哧呼哧跑到校门口，却发现校门关上了。姐姐叫开门一溜烟跑远了，我带着妹妹还有一堆小儿床上用品赶到幼儿部又被传达室拦下来，按照惯例迟到的孩子得等老师来接。因为心里还想着上班后的一堆事儿，我脸色估计不好看了。这时妹妹站在关着的门前回头望着我："妈妈，来一个开心的笑。"一边说话一边咧嘴露出八颗牙齿。哎哟喂，心都融化了。

带上妹妹去朋友家做客，妹妹害羞躲在一边不言不语。朋友说："气气，你怎么不说话呀？"气气话匣子就打开了："我姐姐话很多，我姐姐好厉害，还会打拳呢！"转过头看见我头发是扎起来的，又大声说："我妈妈的头发很长很长的，可漂亮了，今天是扎起来了看不见，对吧，妈妈？"

好吧，亲爱的妹妹，还有姐姐，妈妈也以你们为荣。

03

孩子是纯真的，
应该有个柔软的梦

你是弓
儿女是从你那里射出的箭
弓箭手望着未来之路上的箭靶
他用尽力气将你拉开
使他的箭射得又快又远

不忘初心，以爱为印

大 J

成长型家庭教育探索者、写作者、公众号"大J小D"创始人，著有《跟美国儿科医生学育儿》等。早产女儿小D的奇迹，让她学会了爱与勇敢。她希望小D可以学会爱，学会感恩，因为一个懂得如何去爱的人才能拥抱更大的幸福。幸福与财富无关，幸福是内心充足的感受。

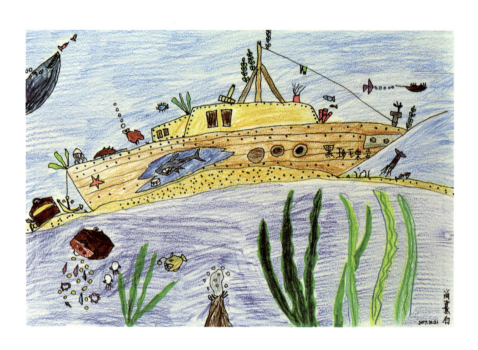

尚熹白　7岁　《海底沉船》

大 J

小 D：

今天妈妈生你气了，其实没有什么大不了的事情，你想继续玩，妈妈希望你可以把奶先喝了，就因为这样，妈妈发脾气了。现在妈妈看着睡得像个天使般小小的你，突然发现，人真的是健忘的。当初，在 NICU 抱着你时，看着你突然呼吸暂停，全身发软，皮肤发紫，那时妈妈一直说，只要你不离开我们，将来无论你如何，妈妈都会好好地爱你，陪你去看世界。可如今，当 NICU 的那段日子开始慢慢变得模糊，妈妈也渐渐会对你有不耐烦的时候了。所以妈妈希望现在，趁着记忆还没完全淡忘，可以写下这封信，告诉你，在和你一起奋斗的这一年多后，妈妈对你最初的期望是什么。因为妈妈好怕，再不写下来，过几年后，妈妈也许会开始要求你会乐器，学奥数，考重点大学了。

当你打开这封信时，你已经 16 岁了。16 岁的你会是什么样呢？是不是大眼睛，短头发，像妈妈；一笑就是弯弯眼，话特别多，像爸爸？也许，你还会对我说："拜托，老妈，现在谁还写信啊！"可是，妈妈希望你可以耐心读完这封信，这是关于你的一个故事。从小到大，爸爸妈妈都和你说，你小时候生了一场很严重的病，是那里的医生护士一直悉心照顾你。其实爸爸妈妈只告诉了你故事的一半。

16 年前，你来到这个世界。用一种非常着急的方式，没有和任何人打招呼就突然降临了，足足比预产期提前了 3 个月的时间。不像电视里那样，你爸爸和我没有在第一时间听到嘹亮的哭声，因为你出生时没有呼吸；也不像电视里那样，我们没有第一时间看到你，因为你的情况太危险了，直接就被 NICU 的医生带走抢救去了。于是，你在你的第一个家，纽约的 NICU 住了整整 115 天。

手术后，我还在观察室，Catherine 医生把你的照片带来给我们看，这是我们第一次见到你，那时你已经满脸都缠着胶带，因为你需要戴氧气机，而且你整张脸是又肿又紫。但说实话，妈妈那时见到你的照片竟然舒了一口气，因为当时在妈妈心里，28 周的宝宝的模样应该和小外星人一样，但原来你的五官都还在。那天晚上，也是医生说你可能会闯不过去的第一天，你爸爸推着我去看了你，你竟然这么小，只有一个巴掌这么大。因为要照灯，你的眼睛被遮住了，但当我们走近和你说话时，你那个只有我一个手指粗的手臂却抬起来，动了一下，好像在和我们打招呼。那天晚上，你爸爸陪了

大 J

你整整一个晚上,看着两个医生整夜在你床边手工打氧气抢救。后来,你爸爸和我说,那天晚上,他盯着那个生命体征的警报屏幕,和你说了好多好多话。而奇迹般,那天你闯过来了。我和你爸爸一直坚信,因为你太想来看这个世界,所以你急着出来;而来到人世的第一天,你就感受到好多好多的爱,所以你决定留下来了。

妈妈那时特别"天真"地以为把你生下来,就没问题了。然而,一周后,医生就宣布你左右脑都有最高级别的脑出血。医生告诉我你的情况非常糟糕,他们无法告诉我们你的将来会是怎样,你残疾或者智力低下的可能性非常高,甚至可能严重到无法生活自理。医生也告诉我们是可以有选择的。那时我只知道哭,后面的话我都没听进去,只听到你爸爸说,我们绝不放弃。也许是你听到了你爸爸的话,你也像个小斗士一样一直在和各种病魔做斗争。当我们要离开医院的那天,所有医生和护士都过来道别,告诉我们这是他们见过最顽强的宝宝。

出院后的这一年,你有七个专科医生,我们每周都需要去看至少两个医生,你有四个康复师,一周需要做 13 次康复。住院的时候,有个护士曾经和妈妈说过,早产宝宝都是折翼的天使,他们折断自己的翅膀是为了早点来到人间守候他们爱的人。妈妈很相信这句话的,你的到来真的让我和你爸爸变成了更好的人。所以我们也一直和你说,那些医生和康复师都是来帮你修护受伤翅膀的,来帮助你今后可以飞起来,飞得高,飞得远。

过去的 16 年,我和你爸爸选择只告诉你故事的一半,因为我们不希望你因为"早产儿"这个帽子而成为自己做什么或者不做什么的借口。如今你 16 岁了,是个独立的大人了。所以妈妈觉得是时候告诉你这个故事了。说完你的故事,再写一些和你并肩作战这一年你教会妈妈的一些感悟,希望和 16 岁的你共勉。

Love is everything
学会爱,学会感恩

从小到大,妈妈的一些小聪明加上一些好运气,一直都是顺顺利利的。所以妈妈没有你之前,一直认为所有东西都是自己应得的。有了你的这一年,妈妈才学会"爱"。这个听起来是不是有点可笑?但是真的,"爱"原来是种能力。

你出生的第一年是我和你爸爸最难熬的时候。我们第一次做父母,就我们两个在美国,我辞掉了工作全职照顾你,为了让你得到最好的治疗和康复,我们选择留在曼哈顿生活。我们有好多医生康复师朋友帮助你,不厌其烦地回答妈妈的各种问题,我们有全世界各地的朋友给我们寄明信片为我们祝福和祈祷,我们有很多很多爱。那段时间,我们财务不宽裕,但是我们却觉得非常富有。这种踏实而幸福的感觉是妈妈以前从未体会过的。所以妈妈希望你可以学会爱,学会感恩,因为一个懂得如何去爱的人才能拥抱更大的幸福。幸福与财富无关,幸福是内心充足的感受。

Never say NO
永远不要说做不到

你出生的第一年,一次又一次地证明了权威不一定是对的。第一个晚上,NICU主任说你过不去的,你却闯过来了;出院后第一次去看肺部专科医生发现你有睡眠呼吸暂停,医生说你需要重新戴氧气机了,结果第二次再测试你竟然神奇般好了;第一次去看脑外科医生,他非常肯定地和我们说,你95%是需要做手术的,不然你是无法抬头的,结果你不仅会抬头了,而且还会坐了也会爬了。

如今,每次回NICU,医生护士都会说你是奇迹。但妈妈觉得，这是你自己努力的结果，也许现在小小的你，还不明白意志力这个词，但我知道你心里一定有一个非常坚定的念头，就是要活下来。等你慢慢长大后，你会因为外部环境开始给自己设定一些限制，你会因为别人告诉你这不可能而不去做，但妈妈想告诉你，在没有试过、努力过之前，永远不要说做不到。你自己就是很好的证明，世界上没有平白无故的奇迹，只要信念和行动就可以创造。

Be bold
做你想做，爱你想爱

小时候的你很勇敢的，最近你在训练拉站，总是会摔倒，每次都是额头、鼻子被磕破。每次你摔倒，爸爸妈妈虽然心疼但总是笑着鼓励你自己坐起来；每次你会哭，但就哭几下，你又没心没肺地笑了，又继续训练了。看着小小的你，妈妈一直在想，人是不是越长大才越怕受伤的呢？小时候是不是更容易好了伤疤忘了痛呢？

你接下来的人生路还很长，妈妈希望你可以像小时候那样勇敢些，做你想做的，爱你想爱的，不要害怕受伤。你的人生一开始就是最低点，你照样慢慢爬起来往上走。既然如此，你有什么可害怕的呢?长大后你会继续跌倒,还会受伤,那又如何? 我们爬起来,继续前进。你可能会比别人走得慢一些,但人生不就是一场体验?大胆地去尝试,慢慢走,看沿途的风景不也挺好?

当然,如果哪天你累了,你倦了,请记得爸爸妈妈的大门永远向你敞开着。就像如今,你每天早晨"咿咿呀呀"朝我爬过来一样,妈妈的臂膀永远等着你。

爱你的妈妈

给子曰的一封信

杨菲朵

自由摄影师、自由写作者。家有一子。她希望孩子的童年像一个真正的童年,可以自由自在地开心玩耍,主张尽可能带孩子回到离大自然更近的地方,带他去旅行,体验更多的世界。

张妙妍 7岁 《我的树屋》

杨菲朵

孩子，有时我会对你大喊大叫，这真令我感到震惊。我从小就是一个对强权特别叛逆的人，讨厌被镇压、被教育、被呵斥，然而当我失去耐性的时候，也会成为一个镇压者，每当这种时候，我都会被自己吓到。

你就像一面小镜子，让我看到了最不喜欢的那个自己。

孩子，不要为这个标准化的世界感到震惊。你可以随意生长，可以选择和你喜欢的人交朋友，可以表达你的爱和怕，你也可以哭，很多人说男孩别哭，不要信他们的。你小的时候我总是抱着你，你一哭我就抱，给你很多很多的安慰。我不希望你成为一个匮乏的婴儿。

如今你四岁了，你在前面跑的时候我渐渐追不上你。尽管我们还不能坐下来好好聊天，但有几件事情我希望你能早一点知道，或者说我是一再提醒自己，别被社会集体意识的洪流卷走。

子曰：

如果你喜欢热闹，我祝福你，友谊和人群自有它的意义和温度。如果你不太合群,我也会恭喜你,甚至为你感到自豪,至少你没那么容易被控制和绑架。我希望你一个人独处的时候能够坦然自在。如果谁告诉你孤独是可怕的,是羞耻的,别相信他。独处是一种非常好的能力,它能让你拥有完全不同的人生,得到更大的自由。人们寄居在这世上,本来就是孤独的,这个词将与你同行几十年。不要怕,与它共处,你要学习欣赏孤独的美,并善于利用它来进行创造。创造是生命的清泉,具备源源不绝的能量。一个人可以独处,才可以健康地与他人共存。

如果你得了第一名,我会为你鼓掌,但我不认为来自外界的奖赏是一件特别重要的事,它可有可无,永远不必挂在心上。更不希望你费尽大半生沉迷在别人的目光和赞美里。我只在乎你是否觉得欢喜,是否热爱自己的生活,只要别虚度你的生命就行。什么叫不虚度呢?你心里升起的本能是真实的,头脑经过判断和算计是虚幻的。孩子,去听从内心的渴望,头脑是自卑的,用你的心来帮助它,给它力量。

去玩。此时此刻你眼中看到的一切都是游戏,它们都在为你闪闪发光,玩具、学校、高楼、商场、男人、女人、寺庙……一切都是玩,利用它们玩儿出自己的纯真世界。妈妈已经37岁了,之前有些年过得非常严肃,有了你之后开始学习如何玩儿，用玩儿来滋润自己，养活自己，同时对别人有一点帮助。谢谢你带领我成长。

学习友善。友善不太容易，也不是平时我们告诉你的所谓分享，并不是那么简单。关于友善，我暂时不想告诉你应该如何去做。目前我只能先解决自己，进行自我教育。

有了你之后，我作为一个大人开始极速成长，这种变化是真实的、不容拖延的、非常严格的。我看到在成人世界发生的一些事，有时候会不知不觉给你展示阴暗的东西。

比如成人世界里的幸福标准往往是单一的：这个人有钱，有地位，有人脉，他就是成功的。只要周末带着你去百货公司的游乐场就能看到，成年人的自卑和不安全感正在教育孩子：如何占便宜，如何超过别人，如何抢东西，如何避免被欺负，如何还击对方，如何揣测别人的心理，如果没有得到回报心里升起的怨意，被忽略时表现出的反击……人们当然没有恶意，只是头脑占了上风，内心是不自知的。成年人得到的爱和安全感太少，一代一代地繁衍以至于越来越匮乏，犹如惊弓之鸟。

有了你之后，我常常变得无话可说，之前的愤怒越来越少，沉默里有很多温柔，也有很多悲伤。理性、自省、觉知，加上对人性的怜悯，让我不知道该如何说起，不知道该如何在生活里运用自己的能量，又如何在这个世间保持一种平衡。我要求你的，如果你做不到，那一定是因为我自己做得不够好。

尽量不麻烦别人。活得可以稍微任性一点儿，但不代表要给别人带来麻烦，这种分寸还是很重要的。

你可以要求自己对别人好，但不用要求对方回报。没有什么人是不可取代的，没有什么是必须拥有的，你的快乐仅仅在付出的那一刻已经完成。如果你看不透这一点，未来的生命就会承受很多烦恼。

我身为母亲，不会时时刻刻在你身边。你不仅仅是我的孩子，你还有父亲，有外婆外公，有爷爷奶奶，年少时你需要去记得这些家庭关系，找到家族系统的平衡。而最为重要的是，你要成长，我也要，我会不定期离开你去做自己的事，也时常需要独处。在你一岁的时候我恢复工作，一边背着你拍摄，一边旅行，两岁之前我们的共处方式非常美妙。这些年我做了不少事情，接下来还会越来越忙，我将要做的事情也会给你带来一些新鲜的体验。身份的转变和年龄的增长，不会让我懈怠。时间不够用，但总有很多时间，我们会待在一起。

对你，我没有过多期望。仅仅希望你的童年像一个真正的童年，可以自由自在地喜悦玩耍。我会尽可能带你回到离大自然更近的地方，带你去旅行，体验更多的世界。如果不是你自己要求，我不会建议你参加任何课外的学习。过早去灌输所谓的知识和技能，只不过是成年人的自我安慰。

　　孩子，慢慢来，没什么可着急的。你是这样聪明、灵动、温柔、甜蜜。大多数时候不是我来教育你，而是你在引领着我。你的洁净和我的浑浊相比，充满了老灵魂般的智慧。每当我的焦虑升起，眉头皱起，对你大叫大嚷，甚至扬起手掌想要揍你的屁股，等回过头来总是为自己感到震惊。我知道你的爱无与伦比，你永远都会原谅我。

　　亲爱的孩子，当你感觉在成长的时候，一定要为自己庆祝。幕布已经拉开，演员就要上场，欢喜和悲伤都在那里。我能为你做的，无非只是学习做一个坚定的母亲，坐在渐渐暗下去的观众席里注视着你。

爱你的妈妈

致女儿：生活不在别处，快乐不在那些未来

艾明雅

写作者、艾明雅文化创意工作室CEO，著有《嘿，三十岁》等。她认为，在充满变化的时代，没有一个人有资格去教孩子怎么去过完这一生。父母子女，一期一会。她希望孩子体验悲欢离合，但最后，记住快乐。

毛裕蕾　4岁　《小鸡看到妈妈》

艾明雅

亲爱的阿拉蕾：

现在是下午两点，妈妈坐在咖啡馆里给你写下这封信。5点我们就要见面了，从幼儿园接到你，我们就要去上画画课（妈妈可以逛个街）。这是自从我和你爸爸分开后，我们每周一个约定的小时光，对妈妈而言，它有很重要的意义。

这封信拖了很久，因为妈妈似乎每天都有忙不完的事情，可是回头想想，在忙些什么呢？又说不出来。作为一个作家，妈妈已经很幸运了，至少时间自由，我可以随时支配自己的生活。

可是，我们要如何支配自己全部的生活，以及这整个的生命呢？

给孩子写信，仿佛就是在给一种纯粹的生命写信，在给那些还有无限可能的未来写信。我想，没有一个人有资格教你怎么去过完这一生，因为我们要面对的最大的不变就是变化——

在妈妈小的时候，公务员是最好的工作，可是现在，未必。

那时候，我们用现金购物，可是现在不是。

那个时候一个女孩子留短发，是不漂亮的，可是现在不是。

也就意味着，哪怕此刻我教给你一些什么，它极有可能在未来的变化中，变成泡沫，变得无意义。所以孩子，我连自己都不知道要如何才算是过好这一生，就更加无法指点你要如何去过好这一生。

只是今天早上，我写下这一段话：

在 2018 年的冬天，我放弃了给自己列 list（待完成事项清单）的习惯。因为越来越发现，对我而言如今最重要的事情只有五件：看天、修心、写作顺便赚点儿钱、锻炼、陪家人。

此年，这些事情超越了那些无意义的觥筹交错，替代了那些商场里琳琅满目的天价商品，成为我心中认为的，唯一会在人生中留下积累的事情。于是，这五件事像五根蜡烛，令我在这个冬天，不彷徨，不寂寞，不浮躁。而我是如何找到这些事情的？恰恰是去尝试过，去经历过彷徨、寂寞、浮躁，才终于劫后余生，回到一种平和而愉悦的境地。

孩子，如果非说，我要对你有什么期盼，无非也就是希望未来的某一天，你经历迷惘、彷徨之后，也能找到那么几件事，足以成为你一生的依仗，它令你自立，令你自爱，带给你愉悦，让你笃定。

人这一生，看起来能够遇到的人有很多，能够做到的事情有很多，值得追求的更多，但是到了后面你慢慢会发现，我们每

艾明雅

个人，因为时间、精力、际遇有限，最终兜兜转转也只能遇到那么几个人，只能做完那么几件事——甚至连那么几件事都做不完。

而我如今常常觉得：今天做不完的事情，那就明天做；明天做不完的事情，那就明年做；明年做不完的事，来生做。

至于来生，你还会做我的孩子吗？父母子女，也是一期一会，但是今生有你，妈妈很感恩。

我有时候也无法想象，等20年过后，你们会经历一个怎样的世界，那个时候，妈妈这样的老古董是否还会在你心中有些许分量，还是已经完全被你们遗忘？但我觉得这并不重要，重要的是，你应当有你的活法。

那个时候，你们还相信爱情和婚姻吗？

那个时候，你们还认可理想和光明吗？

妈妈都不知道。就像妈妈有一个好朋友，你认识的，潇潇姐姐的妈妈，最近很难过，因为潇潇姐姐到了青春期，每天都想很多办法用情绪来折磨自己的妈妈，我有时候也会很害怕，你到了青春期的时候，也会和我这么对着干吧？如果你恰好在经历这个时期，我想对你说，我们生而为人，此生都要经历那么几次孤独感，而青春期，恰好是你关起门来想流泪，想痛哭，想弄明白，想怒吼一些事情的时候。我想对你说，孩子，这是每个人成长路上的浴火场，不要问为什么，就是走过去，经历过去,回头看,你会感谢这样的时光的。

孩子,每个父母给孩子写信的时候,我相信都是慌乱的、迷茫的,这浩瀚的宇宙,这丰富的人生,要如何向你表达我所经历的、我所看见的,或者表达我也难以理解的,有点无从选择。

但是我仍想对你说:

生活不在别处,快乐也不在未来。你人生中最好的时光,永远都是你的此刻,你的当下。如果你在学习,那就体验学习;如果你在恋爱,那就享受恋爱;如果你在痛苦,那就默默体会痛苦。因为那都是生活的一部分。绝对的幸福是不存在的,生活每天都是光明与黑暗同在,学会与你的每一刻共处,而不是非要奔赴一个未来的某处,你才会真正知道快乐是什么。

孩子,是的,要快乐。

我将你带来这人世间,希望你体验悲欢离合,但最后,记住快乐。

就像你画的这些画一样,妈妈觉得,你一定会拥有一个灿烂的未来。

妈妈无法永远陪伴你,但是,妈妈爱你。无论你贫穷富贵,漂亮与否,是否成为俗世眼中的成功人士,直到你白发苍苍,你都是我的孩子。

爱你。

宝贝，感谢你温暖了我的世界

罗 罗

亲子教育研究者、写作者、公众号"六妈罗罗"创始人，著有《从容养育》。孩子长大了，忽然什么都会了，不需要她再事必躬亲，竟有点小失落。希望时光能再慢一点，孩子慢慢长，妈妈慢慢老。

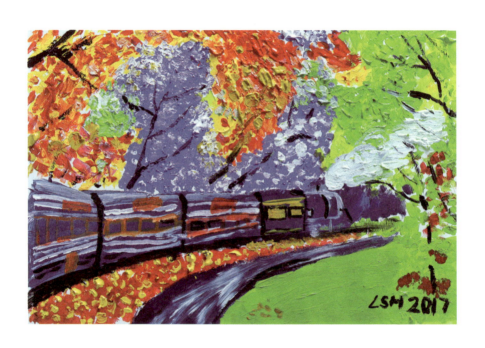

刘书含　7岁　《开往秋天的列车》

罗 罗

今天是 5 月 4 日,一个很平常的日子。因为有你,每年的这一天,都会变得有些不一样。

最最亲爱的六六,生日快乐!

已经有一段时间,你不再需要哄睡了,可昨晚,我还是凑过去,你睁着大眼睛问我:"妈妈你不是说我要自己睡吗?"我笑:"妈妈有时候也想陪陪你。"你点了点我的脸,小大人似的:"妈妈也很任性嘛。"

和你细细碎碎地聊着,轻轻地拍几下,然后听你的呼吸声慢慢变得轻浅。你睡着了,我并没有离开,很矫情地等到过了 0 点,亲了亲你,说了声:"宝贝生日快乐,我爱你。"

五岁的你,其实并没有多大,我却时常在想,不久前的你还很笨拙,奶声奶气地说"妈妈帮忙",现在怎么忽然什么都会了,不需要我再事必躬亲,隐隐的,其实我还有些小失落。

几个月大的你,就这样安静地趴着,睡梦中的你在想什么呢?

一岁两个月的你,这样跌跌撞撞地冲我走来,我很没出息地,瞬间湿了眼眶。

两岁多的你，阳光下奔跑着，欢快得像一头小鹿。

三岁多的你，玩着玩着忽然安静了，然后说："妈妈听！风吹着小麦在唱歌！"无限美好。

四岁的你，吹着泡泡，一时兴起就肆意地脱掉鞋子，光着小脚丫。

快五岁的你，一身白衣，煞有其事地踢着足球，如夏日冰激凌般清爽。

看着时光记录着的这一切，你在一点一点地长大，有种不真实的恍惚，又有着安心的幸福，感谢你温暖了我的世界。

小太阳

前几天你生病了，我尽量很淡定地隔段时间就给你量体温，哄你喝水，还笑嘻嘻地宽慰姥姥："咱们六六发烧一天就好，不用担心。"你果然一天就退烧了，爸爸送你去幼儿园，送你们出门后，几乎一天一夜没睡的我长嘘一口气，头一沾着枕头便睡得昏天黑地。

带孩子最揪心、最害怕、最累的事情，莫过于孩子生病。一个难受的表情，就能轻易让任何一个坚强的妈妈缴械投降。我相信很多妈妈都和我一样，孩子生病的时候并不怕苦怕累，

罗 罗

最怕的是不知道能为孩子做什么。那种无力的绝望，不明原因的担心，以及看到孩子动不了的心疼，脑子里总会有一句话在反反复复："为什么生病的不是我？"

你若安好，便是晴天。岁岁年年，最朴实的祝福，便是希望你平安喜乐。其他的，并没有那么重要。

春光乍泄，万物生长；浅夏烂漫，盈盈来约。

一篱蔷薇的季节，很多时候我会钟爱这种花，因为盛开在5月。也因为我觉得有些像你，有刺，会有着小倔强，会发些小脾气，越来越有自己的主张，我骄傲地看着你长大。也许你并不完美，但是并不妨碍我爱你。我会很客观地和朋友们谈论你的优缺点，却也会被你的笑脸迷得死去活来。

其实，我对你的要求并不低，希望你内心强大，希望你有教养懂礼貌，可是我却也很清楚地知道，你的人生仍旧是由你自己做主。

你五岁了，那么多我们朝夕相处的日子，纵使前一秒被你虐了千万遍，后一秒依旧待你如初恋。你在一天天长大，以后会是什么样子？难道你不强大，会软弱会悲观，我便会否定你吗？当然不会，无论什么时候，妈妈都是你坚强的后盾。

有时候我和你姥姥聊天，问她："我小的时候，你对我的期待是什么啊？"姥姥笑了笑："以前对你期望很多，后来才觉得，你过得好就行。"我想了想，也是，我曾经叛逆过、轻狂过，成长的过程中，其实也有着较劲，可是你姥姥，仍然以一种安静的、潜移默化的方式，把我教育成一个尚可的人。

喜欢一段话："从小觉得最厉害的人就是妈妈，不怕黑，什么都知道，做好吃的饭，把生活打理得井井有条，哭得不知道怎么办时只好找她。可我好像忘了这个被我依靠的人也曾是个小姑娘，怕黑也掉眼泪，笨手笨脚会被针扎到手。最美的姑娘，是什么让你变得这么强大呢？是岁月，还是爱？"

我不是完美妈妈，你也不是满分小孩。可那又怎样，并不妨碍我们相亲相爱。

我们的生活中难免会有坎坷会有不愉快，我不是天资聪慧的人，却一直坚信一个道理：只要你一直努力，总会有人看到你的付出。

亲爱的，在你五岁生日的时候，这句话也送给你。

若干年后的一天，你在做什么，并不是那么重要。当你回首的时候，能不辜负自己的人生，足矣。

愿你所有快乐，无须假装；

愿你此生尽兴，赤诚善良。

希望时光能再慢一点，孩子慢慢长，妈妈慢慢老。

给洛洛的一封信：我曾为你写过一个童话

林特特

写作者，著有《以自己喜欢的方式过一生》《你是我的小天使》等，六岁男孩的妈妈。在驯养孩子时，也被孩子驯养；在教育孩子时，也被孩子教育。

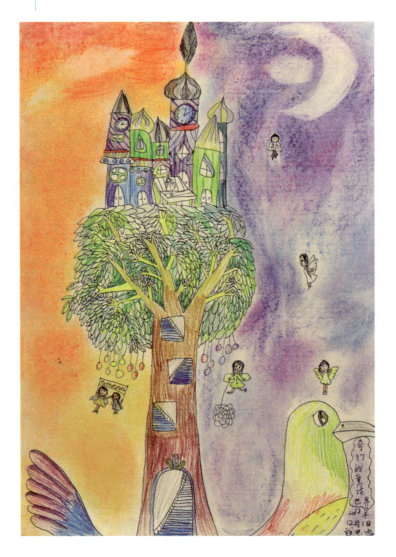

郭思睿　8岁　《奇幻的童话世界》

林特特

洛洛：

  还记得吗？

  你四岁时，我们全家打了辆专车从北京去香河。

  烈日炎炎，我们坐在车的后排，依偎在我身边的你越来越不舒服。

  你说，我想吐。我发现你有些晕车，为引开你的注意力，于是，我给你讲故事。

  你曾问我一千零一遍，像每个孩子都问父母一千零一遍的问题："我从哪里来？"

  堵在高架桥上，我抱着满脸通红的你信口开河——

  "有一天，爸爸妈妈想要一个孩子，爸爸就把种子放在妈妈身体里，然后我们手拉手睡着了。梦里，我们飞到天上，遇见一个仙女，仙女对我们招手，她说：'想要孩子吗？跟我去挑一个小天使吧。'"

  你听入神了。

  我继续发挥想象，尽情勾勒在天上遇见小天使们的情景——

  "游乐园里，许多小天使在玩耍。

"他们你追我,我追你。

"终于,我和爸爸在滑滑梯旁发现一个小天使,他有点儿馋,嘴角还有一粒面包渣,一笑眼就眯起来……"

你知道,我说的是你,在我的怀里,把眼笑得眯起来。

坐在副驾驶座的爸爸忽然转过头,加入创作:"还跑得特别快,我抓都抓不住。"

你咯咯咯笑起来,以为这些都是真的。

那天,这个故事我讲了五遍。

后面的情节包括,我和爸爸如何一眼挑中你、下定决心要你,仙女如何苦劝我们再想想,再挑挑,都被我们严词拒绝。

听了五遍,你睡着了。

醒来,你问我,什么时候发现你就是那个小天使。

我说,"梦醒后的第九个月,我生下了你,爸爸见你第一眼,就惊呆了,冲我喊,'天啊,这不就是我们在天上挑的小天使吗?'"

你开心地点点头。

车很快到了香河,我们马上加入一场马拉松的围观,我说过的话都忘了,没想到你心心念念一直记着。

半年后,我和你吵架了。

我情绪失控,把你推出门,对你说,我不想做你妈妈了。

林特特

你的反应出乎我意料。

不到五岁的你愤怒地质问我："我在天上做小天使做得好好的，是你把我挑回来的，现在不想要我了？"

一时间，我惊诧地忘了生气。

惊诧你还记得，而我已经忘了。

可既然故事已在你的心里生根发芽，你坚信你是小天使，我能做的就是帮你坚定这种坚信，我立马说，对不起，我再也不说让你走了。

从那以后，你的想象围绕着天使——

你曾笑眯眯对着夜空发呆，我问你在干什么，你反问我："就是那架滑梯吗？"你指着一弯新月，"是你和爸爸发现我的滑梯吗？"

一次，我陪你看星云图，我解释什么是仙琴座，什么是巨蟹座，你畅想着："我在天上做小天使的时候，就弹过这个琴，和这个小螃蟹玩过。"

甚至，夏天的周末，我们一家在京郊度假，清晰见到银河的那一刻，你老练地拍拍爸爸的肩，脱口而出："啊！爸爸，我做小天使时，一定在这条河边洗过脚。"

总之，当你坚信自己是小天使后，一切都变得有梦幻色彩，你像玩拼图一样，拿想象补全前史，发生的一切都以天使为主角。

你继而关心，如果你是天使，你的翅膀后来去哪儿了？

我给你的解释是藏起来了，怕你飞走；爸爸的解释也是藏起来了，"但等你能飞、想飞，我就陪你飞"。

我有时候想，这就是爸爸和妈妈对待孩子的态度的区别吧。

一段时间内，"究竟藏到哪里去了？"你总是不停地问。

那时，只要你单独呆在房间，就扑腾腾地翻箱倒柜。你还问了很多同学："你找到你的翅膀了吗？"

我是在春运途中，终于找到合适的答案告诉你："为什么每年，爸爸妈妈要带你回老家？因为你的翅膀，一只藏在妈妈的老家安徽黄山的山洞里，一只藏在爸爸的老家福建武夷山的山洞里。我们回老家，是翅膀在默默引领着我们回去看它。"

除了翅膀，你还用天使来解决了更深刻的问题，关于生死——

你会问我："天使在做天使之前，是什么？""你和爸爸以前也是天使吗？""如果我是天使，我以后想要孩子，也要去天上挑天使吗？"

于是，我编织了一个轮回："小天使被人间的父母挑回来，慢慢长大，也变成父母，再去天上挑天使做孩子；他们变老，特别老，就再回到天上，过一段时间，再变成天使，等待人间的父母来挑。"

天知道，编织的过程有多复杂。

用网络文学的话来说，我几乎为你专门打造了一个世界观。

天知道，你的衍生能力有多奇妙。

当一个清晨，我醒来，发现你睁大了眼睛，显然比我醒得更早，并显得很忧虑，我问你在想什么。

你回答，如果你和爸爸回到天上，我还在地上，我们是不是见不着了。

我说，也许见不着，也许有一天，我和爸爸又到地上，又需要去天上挑小天使，可能还会遇见你，但我们都变样了，不一定认识对方，可能会错过。

你就这么忧虑了一天，直到晚上放学回来，搂着我脖子，说你想出办法了——

那天，你郑重其事地说："妈妈，我不是总把'走'说成'抖'吗？等你和爸爸再去挑小天使时，我们都变样了，我就坐在滑滑梯旁，谁来挑我我都不走，你们一喊'抖'，我就知道我的爸爸妈妈来了，我就跟你们回家。"

你因想出办法，眼睛又笑得眯起来。

我哭了，我开了个头，你把"天使"续写下去，直至给我一个温暖的结尾及解决方案。

这个由我开头，由你续写的童话，最终出版。我在《你是我的小天使》新书发布会上，告诉在场的来宾，它治愈了我。曾有一句话，"怀同样心愿者不曾别离"，而我的洛洛、你，让我也不怕死，因为"怀同样赤诚之爱的人无论何时都有相认的暗号"。

谢谢你，我的小天使，你用你的方式给我了一个从生到死完美的解释。

洛洛妈

人生道路太漫长，我们都需要成长

陈　果

　　写作者，著有《我愿朝着太阳生长》《我的漂亮朋友》等。她惊喜于儿子能和香菇沟通，她给儿子报了一个乐高积木班、一个手工班，他玩得很开心。她只希望，孩子的童真失去的那一天到来得迟一些、再迟一些。这样，孩子所拥有的快乐童年就会更长一些。

霍辛悦 7岁 《动物乐园》

陈果

宝贝：

你昨天给了我一个很大的惊喜，你知道吗？

昨天中午你自己吃饭，非常乖。快吃完的时候，用勺子舀起来一块香菇。你对着香菇感叹说："我都不想吃你，你还一直待在我碗里等我吃，等了这么长时间，我饭都快吃完了你还在。"

你才两岁七个月，就能说这么长的句子了，这真让人惊讶。最重要的是，你拥有一项非常了不起的技能：你居然能和香菇沟通。

妈妈小的时候，据说也有特异功能，能和你外婆养的大白鹅沟通，能和路边的小草、河水、微风沟通。长大以后，这个技能就消失了，妈妈很遗憾。仔细想一想，好像是从上小学之后，有了学习和考试的压力，特异功能才逐渐消失的。

你明年就要上幼儿园，过几年就要上小学了。妈妈要跟你说声抱歉，由于爸爸妈妈工作的原因，以及家里的经济条件，决定了你的基础教育，会在我们现在居住的这个小城市完成。

也就是说，你上小学之后，可能会面临爸爸妈妈读书时相似的教育环境：做不完的作业、考不完的试，每次考试都有排名。假如你考不到高分，性子再调皮一点，老师和同学可能会不喜欢你，甚至有些人会歧视你、孤立你。你会因此感觉到压力，甚至会难过，还有可能会像妈妈小时候一样，自我怀疑。这些事情经历过几次之后，你就有了成人的情绪和心思，你小时候具备的所有特异功能都会消失，你会逐渐变成一个普通小孩，长大以后，变成一个和妈妈一样的普通大人。

妈妈知道，这是一条必然的路，因为成年之后还能保持童真的人，都是无数人用更多的代价换来的。妈妈做不到无懈可击地保护你的童真。妈妈只希望，你的童真失去的那一天到来得迟一些、再迟一些。这样，你所拥有的快乐童年就会更长一些。因为这个，我和你爸爸讨论过将来对你的教育。我相对理想化一些，我说，我不会逼迫你学习，更不会逼迫你考一百分。童年时玩得开心才是最重要的。你爸爸却说，他也希望这样，但是他会害怕。不是怕你学不到知识，他只是怕在现有的这种竞争环境下，你没办法考上好的初中、高中，以至于将来的人生或奋斗的道路变得异常艰难。

妈妈赞同你爸爸的话，妈妈当然相信有很多人，身处最低谷，也能凭借个人的力量拼出一番天地。就像妈妈曾经写过的

陈 果

一本书,《我的漂亮朋友》里的女主角刘文静。她是妈妈的朋友,妈妈看着她从一个初中毕业的饭店打杂工,成长为一个在大上海有房有车的白富美。妈妈很佩服她,然而就是因为妈妈目睹了她的成长,才知道她跨越阶层的道路有多艰辛,妈妈不希望你将来也经历这些。妈妈只希望,在家里能让你衣食无忧的条件之下,你能在读书的路上顺畅些,从而让你将来的人生之路更顺畅。

就像龙应台写给安德烈的话:"孩子,我要你读书用功,不是因为我要你跟别人比成绩,而是因为,我希望你将来会拥有选择的权利,选择有意义、有时间的工作,而不是被迫谋生。当你的工作在你心中有意义,你就有成就感。当你的工作给你时间,不剥夺你的生活,你就有尊严。成就感和尊严,给你快乐。"

那么,咱俩说好,将来你上学了,要尽一切努力好好学习好吗?就像妈妈上班,就尽一切努力好好工作一样。你只要尽力了,就算学不好也没关系。你可以有一定的压力,但最好不要像妈妈小时候一样,因为太看重名次,导致心中压力过大,把所有的童真都丢掉了,以至于连"特异功能"都消失了。当然,就算有一天消失了也没关系,你有自己的人生和修正之路,不是吗?

妈妈保证,在你了解清楚学习的重要性之后,妈妈不会给你太大压力。

好了,说完学习的事,我们再来说说别的。

妈妈最近给你报了两个班。一个乐高积木班,一个手工班。乐高班能让你学会最基础的搭建。手工班,会学串珠子、做巧克力、DIY彩绘之类。你才上了几节课,就对这两个班表现出浓厚兴趣。每次去上课,都高兴极了。下课了,还要在教室玩半天,拉都拉不走。

说实话,这两个班都不便宜。你奶奶一直跟我抱怨,去玩还花这么多钱。不如存着钱等你再大一点,到真正能学东西的年龄,给你报书法班、钢琴班、绘画班。你爸爸也说,家里买的有乐高,涂绘类的工具和材料也有。我们在家带你玩就可以了,没必要花很贵的钱报班学这些。可是妈妈却想着,就算是玩,专业的机构也更系统些。在外面玩,玩是一方面,最重要的是有别的小朋友一起玩,有老师辅导,能让你跟更多人接触。

宝贝,你有没有注意到,在给你报班这件事上,妈妈和爸爸以及奶奶是有分歧的。这个分歧的最主要原因是奶奶和爸爸认为报一些更"实用"的班,钱才花得值。听到这里,你是不

陈 果

是觉得咱们家特别没钱？不是。咱们家不算很富裕，但也不算穷，只是城市里的普通家庭罢了。然而爸爸妈妈毕竟都在工作，都有不算低的收入。就算是所有的班都给你报，也没多大问题，不会影响到我们的生活质量。那么为什么奶奶和爸爸会觉得报乐高班和手工班，钱花得不值呢？这要从他们的经历谈起。你的爷爷奶奶生于上世纪五六十年代。他们经历过饥荒、下岗、挣钱难的阶段。而你的爸爸，整个青少年时期，都因为家贫在物质上吃了很多苦。家里现在虽然条件还好，有房有车有存款，但奶奶和爸爸的潜意识里，还是觉得没钱，还是会因为钱产生各种不安全感。

你的原生家庭环境，比你父母的原生家庭都要好太多，将来，你的消费观和你的爸爸肯定是不同的。啊，其实妈妈和你爸爸在这方面也是不同的！你现在还小，还不懂得钱的重要性。未来，你会慢慢建立自己的消费观，妈妈相信，你的消费观和我们也是不一样的。但是妈妈必须告诉你一个道理：在你成年之前，你的开支是爸爸妈妈支付，你的消费观是不稳固、随时可能被推翻的。成年之后，自己赚钱花，才会建立稳固的消费观。妈妈不知道你成年之后能赚多少钱，但你肯定会经历一段相对比较苦的日子。那么，从现在开始，咱们每花一笔钱，都要想清楚是否有必要，从小培养节约意识好吗？

说完你的事情，咱们再来说说妈妈的事情。

妈妈怀着你的时候，一直在上班，你出生前 20 天，妈妈休了产假。产假结束，又返回了职场。妈妈之前的工作非常忙，每天事情很多。你出生后十个月大，妈妈写了一篇文章，叫《我所有的辛苦，都是为了你将来不辛苦》，写那篇文章时，妈妈几乎要撑不下去了。那段时间，妈妈特别忙，工作上杂事缠身，负责的两个项目都出现了动荡，每天晚上都要加班到十一点之后。而你那时候还在吃母乳，你的外婆在家里带你。每天早上，妈妈离开家的时候，你还没醒，晚上回到家，你已陷入熟睡。有一天中午，我去见客户，路过家所在的小区。我突然想到，我已经至少有二十天，没有见过你醒着的状态了，就空出十分钟回家看你。你语言发育比较早，那时候已经会熟练地叫妈妈了。然而那天中午，无论我怎么逗，你都不肯笑，也不肯叫妈妈，看我的眼神，就像看一个陌生人，逗急了，就朝外婆怀里躲。妈妈陪了你十分钟，就不得不走了。下楼的时候，在电梯里，妈妈忍不住掉了眼泪。在生你之前，妈妈一直是职场上的女金刚，对工作非常热爱，从来没想过有一天，我的工作和生活不能调和。更没想过，我会为了工作，二十多天，让我的孩子见不到我。

陈 果

　　那一段时间，妈妈一直在想何去何从，是否要为了陪伴你而放弃工作。我有一位同事，做到了公司的高层，他的女儿五岁，他也很少陪伴。有一天，他女儿跟他说："爸爸，我在马路边捡一分钱，不交给警察叔叔，我给你。这样你就有钱了，就不用出去挣钱了，就可以天天在家里陪我玩了。"

　　同事家里有房贷，女儿上小学也近在眼前，为了孩子能到更好的学校，他打算再入手一套学区房。他告诉我，听了女儿的话，特别心酸。然而为了女儿将来更好的生活不得不牺牲现在的陪伴，他相信，将来女儿一定会理解的。

　　同事的故事，让我感觉很震撼，我怀着对你的愧疚之心，写了那篇文章。那篇文章与其说是写妈妈的心声，不如说是给我自己打气。为我那段时间的辛苦找一个借口，好让我在即将崩溃的生活中再支撑一段时间。在那篇文章里，我写我现在所有的辛苦，都是为了将来更好的生活，是为了你将来能不那么辛苦。文章写出来之后发在网上，被广泛传播，并引起了很多人的谩骂。他们说，说这种言论的父母都是自私的。父母不应该用爱和辛苦绑架孩子，孩子并不需要你那么辛苦，孩子要的，只是陪伴。最让妈妈伤心的是，有些之前关系很不错的网友，因为那篇文章，拉黑了妈妈。

　　从心底里说，妈妈是赞同他们的观点的。妈妈也认为孩子最需要的不是家里有多少钱，而是陪伴。可是现实生活中，大部分的父母都只是普通人，都需要工作、养家。特别是女人，需要去平衡家庭和事业。有了孩子的女人，除了要为孩子的这三五年考虑，更要考虑到长远的未来。

写那篇文章的时候，我很确定，我需要在职场拼搏，为了咱们的美好未来。然而不过两个月，我还是辞职了。我得跟你说实话，我辞职，并不是全部为了你，并不是为了每天陪伴你，从而牺牲自己的事业。而是在最崩溃的日子里，突然就柳暗花明了：妈妈找到了平衡的方式，既能照顾你，又能做自己想做的事情，即使钱赚得少一些，但仍够养活咱们母子。

妈妈新选择的那条路是写作。不是一冲动就想当作家，在毫无基础的情况下以写稿子的名义来赚钱。而是，妈妈长期的铺垫，已打通了写作这条路：我接了两本书稿，也计划好了长篇小说的写作，甚至已有影视公司跟妈妈联络，想买妈妈的一本书稿的版权。

前路豁然开朗，当然不必继续在职场苦苦支撑。我辞职的这两年，一直亲自带你，白天陪你玩，晚上哄你睡，只抽空写作。妈妈在其中付出的艰辛就不必多说了。咱们说说你的状态吧！你这两年，过得很舒心对吧？所以，上个月妈妈打算重返职场时，你才会那么抗拒。每天，妈妈离开家时，你都会抱住我的

陈 果

腿大哭，不让我去上班。你哀求我，甚至跟我说，你不要乐高、不要玩具、不要漂亮衣服，也要让妈妈在家陪你玩。

可是宝贝，人生的道路太漫长，我们都需要成长。写作这条路，妈妈坚持了两年，虽有些成绩，但也让妈妈看清了一个事实：妈妈的天分，并不足以支撑在写作上的野心。妈妈爱职场生活，和爱写作是一样的。妈妈在职场上做得很棒，没必要长时间放弃。那么，在写作上，妈妈愿意放缓速度，再积累、再观察、慢慢写。不如趁这段时间，去上班，去做生你之前那个雷厉风行的女总监。

请你理解妈妈，好吗？

说到这里，妈妈想跟你再分享一件事。前几天，有个阿姨跟妈妈聊天，她说她认为妈妈的运气特别好，想上班，很快就能找到工作；不想上班，随时还能把写作捡起来。妈妈却不觉得这是运气，她所了解的，只是妈妈"找到工作"和"能写作"这两个既成事实。她看不到的是妈妈背后的拼搏、眼泪和严重的睡眠不足。

妈妈跟你说这些，不是希望你将来能跟妈妈一样，也这么拼。妈妈拼，只是喜欢拼，喜欢这种感觉罢了，并不是因为精神强大，全身上下自带励志光环。这是两码事。如果你将来就喜欢过不操心的生活，也没什么的，怎么过都是一生。但妈妈希望你，在你年轻的时候多学习、多掌握一些技能，特别是生存的技能和生活的技能。这样，你才能靠着这些技能，过上你想要的生活。好吗？

永远爱你的妈妈

孩子，多么希望你有一天能过上普通人的生活

慕容素衣

写作者，著有《时光深处的优雅》等。儿子瓜瓜被诊断为自闭症的第一年里，她经历了人生的至暗时刻，却也是孩子天然对父母的爱，将她从绝望中拯救出来。瓜瓜温和、善良、热情、友爱，绝对不会去伤害任何人，对于她来说，瓜瓜就是全天下最好的孩子。

张梓霏 7岁 《海豚》

慕容素衣

亲爱的瓜瓜：

在你未出生之前，我嘴里虽然说着，你只要像个普通人一样快快乐乐地成长就好了，其实心里却对你有着很多的期待。从我为你取的名字就看得出来，你大名叫做雨帆，听起来有点像琼瑶小说的男主角，其实是化用自韦庄词中"春水碧于天，画船听雨眠"的意境，这个诗情画意的名字隐隐显示出，作为一个女文青的我，还是希望你能拥有与众不同的人生。

令人意想不到的是，你天生就与众不同，别的孩子一岁多就会牙牙学语了，可你两岁还不会叫爸爸妈妈；别的孩子哭着喊着要买玩具，可你连玩具店的门都不想进；别的孩子见了小朋友就像见了亲人，可你总是一把推开小朋友们，哪怕是漂亮的小姐姐也不例外。游乐场里，小朋友们荡秋千、滑滑梯玩得不亦乐乎，只有你一个人固执地坐在一旁揪花；麦当劳里，你的尖叫声响彻了整个店堂。

太多的细节显示，你和别的孩子截然不同，我和你爸爸再也没办法用"贵人语迟""大器晚成"这些鬼话来安慰自己，我们不顾家里人的反对，送你去医院检查。你仿佛嗅到了这里的危险气息,做各项评估的时候你哭闹不休,怎么也哄不好,医生冷冰冰地呵斥你:"哭什么哭,这里又不是菜市场!"我愤怒地看向他,就是在那一瞬间明白,这世上完全没有感同身受这回事,并不是每个人都像我们这样觉得你那么可爱。

几乎没费什么周折,你就被诊断为自闭症,虽然前面加了疑似两个字,也足以让我们心碎。后来我才知道,这只是心碎的序幕而已,之后的日子里,做父母的心将被一点点碾成粉末。你才两岁,就戴上了这样一顶帽子,可能一辈子都摘不下来,这意味着,你极有可能无法像正常人那样读书、升学、读大学、找工作、谈恋爱,甚至生活无法自理,一辈子都需要被人照顾。

我们马不停蹄地将你送往了当地的康复机构。一贯在家中散养惯了的你不适应机构的严格管理,总是站在机构的铁门前,边哭边拍门,一哭就是整整两小时。你一哭,我也跟着流泪,我知道你想回家,可我只能选择让你在机构训练,因为据说这是唯一有效的干预方式,尽管这种干预在你身上起的作用微乎其微。

你确诊后的一年内,可能是我一生中最灰暗的时刻,那时我还在做记者,每次出去采访时,和采访对象聊着聊着就忽然悲从中来，要努力抑制才能不让眼泪掉下来，有时实在控制不住了就借口冲进洗手间里大哭一场。那段时间我常想到死，站在楼前会有跳下去的冲动，看到电视里放发生车祸的新闻，第一反应居然是"为什么被撞死的不是我"。

有一天，我木然地站在机构的走廊前等你下课，看见黑板上写着一个个前来康复的小朋友的名字：逸翔、星航、子轩、浩然……这些名字都有着多么美好的寓意啊，就像你的名字一样。他们的父母一定也像我一样，对自己的孩子有着各种美好的期待吧，期盼着孩子能自由飞翔，能像星星般闪耀，可如今，这些期待都随着一纸诊断书落了空。我看着看着，想象着这些同病相怜者的失望，禁不住泪落如雨。

如果一直这样下去，我可能会陷入重度抑郁吧。但我最终并没有死于心碎，这要谢谢你，我的瓜瓜，是你将我从绝望中拯救了出来。你尽管在很多方面都和别的小朋友不一样，但有一点却是一样的——你们都发自内心地爱着父母，爱着这个世界。

你天生就会爱人，一岁半时刚学步还走不太稳，看见我洗了头发走到客厅里，你就会赶紧迈着小短腿去打开抽屉，拿吹风机给我吹头发；你两岁多时，我从山西出差半月回来，你一见我就拉着我去卧室，从床头柜里拿出一样东西递给我，那是我经常戴着的一块玉，出门前忘记戴了，你却一直替我记得牢牢的；有次我坐在床上怔怔落泪，忽然伸过来一只小手，手里还攥着一张纸巾，那是你递给我擦眼泪的……

我亲爱的瓜瓜，你不会说话，不会玩游戏，不会和小朋友玩，连爸爸妈妈也不会叫，却生来就会爱你的爸爸妈妈。你是如此可爱，我没有办法对你弃而不顾，只能鼓足勇气去继续爱你，呵护你。

这些年里，我们坚持走在不抛弃、不放弃的路上，从广东到湖南，又从北京到青岛，听说哪里的机构好，就排除万难带你去康复。你一点一点地进步着，这个过程在旁人看来太过艰辛，也太过缓慢，只有我们做父母的，才由衷地为你的每一点变化而欣喜。我还记得，你四岁的时候，第一次清楚地叫出了"妈妈"；四岁半时，在海边小食店里吃饭，忽然看着正在榨西瓜汁的机子说"西瓜"，我们惊喜万分，赶紧给你买了一杯西瓜汁。我当时开心地想，如果有天你能开口说出"月亮"两个字，我一定也会上天入地为你摘了来。

现在你六岁了，经过多年的干预，你会说简单的字词了，可以辨认十以内的数字，上课的时候也很少哭闹了，但和其他小朋友的差距还是太大太大了。同龄的小朋友已经背着书包上小学了，可你还是只能待在机构里。

慕容素衣

　　如果说我前半生所做的所有努力都是为了让自己与众不同，那么我后半生所做的所有努力都是为了让你尽可能地过上普通人的生活。我多么希望你能像同龄的孩子那样，开开心心去上学，为了升学和补习而烦恼，为了隔壁班的女孩没有看你一眼而伤神，将来长大了，又为了工作和房子奋斗，有时懊恼，有时高兴。我现在才知道，能够拥有这样普通的一生，是一件多么幸运的事情，这世上有那么多心智发育不健全的人，他们很可能付出终生的努力，也不足以拥有如此普通的生活。

　　或许我不应该奢望你和他人一模一样，你生来就是特别的，我只是希望，你的特别不至于影响到你和他人的生活，如果有人注意到你的与众不同，我多么希望他（她）能对你的特别予以宽容。

　　现在流行批判熊孩子，可我要告诉所有人，我们这些"星儿"（自闭症孩子）并不是故意想当个熊孩子，他们只是有时会控制不住自己的行为。他们坐飞机时偶尔会尖叫，在饭店有时会忍不住碰碰别人的食物，请不要在没有清楚他们的身份之前就指责他们没有教养。

　　很多时候，他们不是没有教养，而是能力上做不到。就像老师那天让你分辨形状，你明明很认真在辨认，还是把长方形认成了正方形。老师还是奖励了你一块饼干，还夸你说"瓜瓜已经很努力了"。

所以瓜瓜，我亲爱的孩子，不管最后的结果怎么样，不管你有没有机会过上普通人的生活，这些都没有关系，我们要记住老师的话，"瓜瓜已经很努力了"，无论如何，努力的人都应该得到尊重。如果长大后有人因为你的特别而不尊重你，一定要记住妈妈的话，那不是你的问题。

知道你的情况后，曾经有人对我说："要是早点儿生就好了，可能就会生一个聪明的孩子。"这个问题我仔细想过了，要是生了另一个聪明的孩子，我这辈子可能轻松得多，但我还是不愿意，因为早点儿生的话，那个孩子就不是你了。你温和、善良、热情、友爱，你绝对不会去伤害任何人，对于爸爸妈妈来说，你就是全天下最好的孩子。再聪明伶俐的孩子也取代不了你，我们只想要你尽可能好好的，并不想用你来交换其他孩子。我亲爱的孩子，尽管你是特别的，你来人世一遭，同样会感受到阳光有多热烈，风有多温柔，天有多蓝，草有多青，以及爸爸妈妈有多爱你。

我的孩子，我多希望能一直陪着你，让你在我的羽翼下无忧无虑地成长，但我知道，总有一天，你需要独自面对这世界的风风雨雨。这是我第一次向外谈论你的自闭症。与其说这封

慕容素衣

信是写给你的，不如说是写给天下千千万万父母的，如果他们中有一个人能够因为读到这封信，而对你（以及和你一样的孩子）多那么一点点温柔和慈悲，那就不枉我写信时流下的这些泪水了。

愿你健康成长，一生平安顺遂。
愿这世界对你好一点，再好一点。

爱你的妈妈